JOHN DE J. RENDÓN

LA VIDA
NO ES
UN CUARTO
DE HORA

LA VIDA NO ES UN CUARTO DE HORA
John de J. Rendón ®
Primera edición: Marzo de 2023.
Editor: Germán Jiménez Morales
        Taller Libera tu Escritura

Índice

Presentación

Soy un hombre de fe. Soy creyente. Por eso estoy convencido de que fue gracias a la voluntad del Creador que tuve las fuerzas y los medios necesarios para dejar atrás tantas adversidades, tanta fatalidad con la que conviví y que me obligó a confrontar innumerables acontecimientos.

Ahí me inspiré y motivé a escribir "LA VIDA NO ES UN CUARTO DE HORA", una historia en la que todos los hechos narrados son reales.

Como suele ocurrirnos a los seres humanos, muchos sucesos se nos presentan primero como simples anécdotas. Sin embargo, cuando los acumulamos e hilvanamos, para llegar en mi caso al Premio Mayor, comprendemos que podemos compartir esas vivencias, a fin de darles un mensaje de esperanza a quienes en un momento dado llegaron a pensar que todo estaba perdido.

LA VIDA NO ES UN CUARTO DE HORA es un ejemplo de resiliencia.

Muchas veces, por algún motivo, nos dejamos hundir en la desilusión. En otras situaciones, de signo favorable, nos llenamos de tanta soberbia, que pensamos que el mundo se tiene que rendir a nuestros pies.

Nos vendría bien ser cautos. Son muchos los cuartos de hora que nos da la vida y ahí es donde debemos volvernos metódicos, porque de un momento a otro todo puede cambiar. En mi caso, a lo largo de mi existencia fueron demasiados los castillos que vi caer, pero igualmente numerosos fueron los castillos que vi cómo se reconstruían a partir de sus propias cenizas.

Esta obra es para sembrar semillas de esperanza, no para incomodar a nadie. Por ello he cambiado los nombres de los protagonistas de los sucesos que narro.

Cuando me encontré con algunas de esas personas pensé que pasarían inadvertidas, que "serían uno más en mi camino". Y, sí, mi presunción resultó cierta en varias ocasiones. En otras me equivoqué y esos seres humanos se convirtieron en mis ángeles de la guarda.

El señor Rodolfo Kosesnichk es uno de ellos. Siempre estuvo dispuesto a darme la mano y a proporcionarnos los recursos para que pudiéramos salir de un entorno en el que estábamos condenados a llevar una vida marcada por la incertidumbre.

El doctor René Montoya apareció en un momento en el que estaba a punto de rendirme, porque consideraba que se habían acabado mis oportunidades.

Mi renacer profesional también fue posible gracias al ingeniero Luciano Márquez, quien no dudó de mi potencial al evaluar mis capacidades.

Igualmente le estaré agradecido durante el resto de mi existencia a un Gran Señor que fue director nacional de la Aeronáutica Civil.

En cuanto al contenido del libro, quiero hacer alguna referencia a varios de sus capítulos.

Escribir sobre el "Infierno laboral" fue liberador. Cómo no iba a serlo, si por esas páginas se pasean la intriga, la traición, el egoísmo, la envida y hasta el odio que respiré en un ambiente laboral en el que, por necesidad, tuve que convivir. En ese mismo escenario logré triunfos éticos y profesionales, que fueron "premiados" con un inmerecido despido, el cual fue promovido por un personaje que encaja perfectamente en la figura de un vampiro laboral.

¿Qué cómo me sentí con ello?

Imagínate que estás en un país como Colombia y tienes esa edad adulta en la que comienzan a verte como un desahuciado para el mercado laboral. Por lo tanto, ves muy remota la posibilidad de volver a empezar al servicio de otro empleador. Tan angustioso llega a ser esta situación, que te ves transitando por un largo camino y al final la única opción que tienes es lanzarte al abismo, sin saber si vas a sobrevivir y a tener las fuerzas para salir adelante.

En el otro extremo está "Mi premio mayor". Tiene ese misterioso halo de lo increíble y, de alguna manera, percibo esos hechos como una compensación que tuve por los infortunios del pasado. Es que, como lo narro en detalle, en varias ocasiones sobreviví a unos hechos en los que era muy probable que perdiera la vida. Pero sobreviví y, además, en un estado de consciencia como si nada hubiera pasado. No puedo menos que pensar que la razón de todo ello era que, más adelante, me esperaba "Mi premio mayor".

Bienvenido a mi mundo. Espero que sea de tu agrado.

John de J. Rendón
Autor

Capítulo I

El campo me vio nacer

Nací bajo el signo de las dificultades y esa huella me acompañó durante buena parte de mi vida.

Vi la luz de este mundo gracias a mis padres, Alba Lía y Armando, quienes habían formado su primer hogar en un humilde rancho, con aroma de café, situado en la vereda La Rochela, del municipio de Andes, en Antioquia. Era el 1° de mayo de 1953. La mañana estaba fría en el extenso valle rodeado de montañas en el que se ubicaba la finca cafetera propiedad de un caballero polaco, llamado Rodolfo Kosesnichk, y administrada por un experimentado labrador, José Ignacio, quien conocía mejor que nadie cada accidente geográfico de esa fértil tierra.

Para su primer alumbramiento mi madre fue asistida por una campesina con incipientes conocimientos de partera. A su lado estaba Camila, una tía materna, cuya influencia en nuestras vidas comenzaba a ser tan poderosa, que con el beneplácito de mis padres fue quien propuso el nombre que debería llevar: Juan José.

Adentro de la casucha la atmósfera era de amor familiar.

Afuera, el odio corría tan libre como el viento.

Don Rodolfo, el dueño de la finca, fue quien dio la orden para que mis padres se acomodaran en ese rancho. Eso desató la furia de José Ignacio, quien enceguecido por los celos emprendió una guerra sin cuartel contra quienes ocupábamos esa vivienda.

La maldad fluía por sus venas.

Cuando el patrón le ordenó al mayordomo que les entregara a mis padres una buena res para poder atender mis necesidades de recién nacido, el hombre seleccionó y llevó al rancho una becerra infectada.

Y, claro, mi madre y yo nos enfermamos. Como recién nacido llevé la peor parte, al ser alimentado con una leche materna que estaba contaminada.

Mi vida corría peligro.

Mi cuerpo era aún muy frágil y eso obligó a mis padres a ser extremadamente cuidadosos al momento de llevarme al médico. Era toda una odisea salir de la vereda. Después de una larga y penosa caminata por las orillas del río Tapartó, fui internado en cuidados intensivos en el hospital del municipio de Andes Antioquia.

El miedo y el amor se combinaron en esa travesía que hicieron mis padres para ponerme en manos de los médicos.

Todos hicieron su mejor esfuerzo.

Dios hizo el resto y me colmó de bendiciones: Me salvé de milagro.

Luego de esa amarga experiencia, mi mamá, Alba Lía, se consagró a la recuperación de la vaca. Lo hizo con éxito y de allí en adelante tanto mi lactancia como el resto de mi alimentación fueron excelentes y se reflejaron en mi buen desarrollo y crecimiento.

Lo que era un motivo de gran alegría para mi familia, se convirtió en una fuente adicional de ira para José Ignacio. El ambiente se tornó pesado y las relaciones entre mis padres y el mayoral se agravaron.

Alba Lía, mi madre, no soportó los malos tratos y la absurda rivalidad. Con decisión abordó a don Rodolfo. Le pidió que, por favor, nos diera la oportunidad de trasladarnos a la ciudad de Medellín y que vinculara a mi papá como trabajador en una empresa de ingenieros electricistas, que era de su propiedad.

El patrón entendió la situación. Sin poner una sola objeción accedió a las peticiones de mi mamá y comenzamos los preparativos para dejar el campo y lanzarnos al encuentro de un nuevo mundo.

Un día antes de partir de La Rochela, y siendo aproximadamente las tres de la tarde, José Ignacio arribó en forma inesperada. Llegó con tres peones, para hacer el inventario de las cosas que mis padres debían devolverle al dueño de la finca. El mayordomo y sus acompañantes llevaban al cinto y envainados sus machetes, algo que si bien era normal en la vida de los campesinos, para la ocasión era visto como una amenaza. Revisaron hasta el último rincón de la casucha y, al notar que todo estaba en orden, el mayoral se despachó en ofensas contra mi padre.

Para ese momento yo tenía tres años y también dos hermanos pequeños: Marcos, de dos años, y Margarita, de tan solo ocho meses. A pesar de nuestra tierna edad las palabras y el tono de José Ignacio revelaban a las claras lo furioso que estaba con mis progenitores y, de manera particular, con mi papá.

El mayordomo no tuvo piedad. Su rabia lo hacía ver como una fiera, dispuesta a acabar con su presa o con sus enemigos.

-*"Ya te he de ver por acá, hijo de la gran puta madre, rogando que te reciba de nuevo"*, gritó José Ignacio.

Esto se me quedó muy grabado en la mente, porque el mayoral era parte de nuestra familia: Él estaba casado con doña Rita, una tía de mi papá.

La fuerte voz del agresor fue la única que se escuchó.

Ninguno de los que estábamos listos para emigrar dijo absolutamente nada. Nos pudo más la esperanza que iluminaba nuestros corazones, que esa provocación del mayordomo.

Si lo miro bien, habernos aferrado más a la promesa de un mejor futuro evitó de alguna manera que allí se hubiera registrado una tragedia.

Con una visible expresión de frustración en su rostro, a José Ignacio no le quedó más remedio que dar media vuelta y abandonar el lugar.

Capítulo II

Rumbo a la ciudad

Todo estaba listo para nuestra nueva aventura. Con la ayuda de los Castañera, una familia de la región que apreciaba mucho a mis padres, empacamos los chécheres y los montamos en una recua de mulas. Antes de salir a disfrutar por última vez los paisajes de esa extensa llanura, estábamos obligados a pasar por el frente de la casa de José Ignacio. El mayoral estaba en el corredor de su morada, en un sentadero, y esta vez se tragó las ganas de expresar todo ese aborrecimiento que lo sacaba de quicio, quizás por respeto a quienes nos acompañaban.

Transcurridos unos 40 minutos del viaje nos encontramos con un puente colgante. Por el estado en que se encontraba, solo las personas podíamos cruzarlo y las bestias tenían que pasar al otro lado por el río Tapartó.

Después de una hora y media arribamos al parque de Tapartó, una vereda del municipio de Andes. Tomamos un breve descanso, nos despedimos de los

Castañea en medio de abrazos y buenos deseos y les dimos las gracias porque por su ayuda no cobraron un solo centavo. Obraron así por solidaridad con mi taita y también porque sabían muy bien que nuestras finanzas eran precarias.

A eso de las 9:40 de la mañana terminaron las despedidas y abordamos un bus de escalera que mi padre había contratado una semana antes. El vehículo, en el que también iban otras personas, inició lentamente la marcha hacia Medellín. El viaje se nos hizo eterno, no porque el conductor no fuera diestro, sino por el estado del vehículo y porque la mayor parte de la carretera era destapada. Como ya era costumbre en esos tiempos, el vehículo tuvo que detenerse por fallas mecánicas, las cuales tampoco fueron graves y se solucionaron de manera oportuna.

A mí no es que me haya ido muy bien que digamos durante ese trayecto. Antes de llegar al municipio de Venecia sentí una gran indisposición, acompañada de un fuerte mareo y vómito.

Lo peor vino luego.

No solo vacié mi estómago. También las tripas. El malestar incluyó una diarrea, con la consecuente poposiada en la ropa. Como los pañales no se usaban en la época, toda la escalera quedó pasada a mierda. Los pasajeros no estaban dispuestos a aguantarse el olor y, por ello, obligaron a mi mamá a que se bajara, buscara agua e hiciera desaparecer mi desastre.

Después de esa inesperada parada seguimos la marcha hacia nuestro destino, al que llegamos a eso de las 7:30 p.m.

Aquella fue otra explosión… pero de júbilo. En Medellín nos estaban esperando la tía Camila y sus hijos Conrado, Marina y Zoraida. Fue un recibimiento cálido, jubiloso, de brazos abiertos por parte de estos familiares que se habían dado a la tarea de buscarnos una vivienda en el barrio Manrique.

A los recién llegados se nos notaba la ansiedad por ver el sitio en el que íbamos a comenzar esta nueva etapa de nuestras vidas. A la vivienda llegamos en medio de la oscuridad, pero nos iluminamos con la luna y con unas linternas.

Una vez allí, fui testigo de otro acto de solidaridad, esta vez de los nuevos vecinos, quienes hasta altas horas de la noche nos ayudaron a transportar y ubicar en la casa nuestros enseres.

Capítulo III

Engaño y traición familiar

En la nueva vivienda en Medellín también me enfermé, pero no por la acción demencial de alguien, sino por la pobreza que nos circundaba. La casa en la que nos acomodamos era vetusta, la habían construido sobre un barranco y en ella se respiraban las nauseabundas aguas negras que pasaban por el lugar. Como prueba del riesgo sanitario en el que estábamos, baste decir que toda clase de roedores circulaban con libertad de un lado para otro.

Yo fui el primero en pagar las consecuencias. Durante dos semanas, y en graves condiciones de salud, tuve que ser internado en la clínica "Clarita Santos".

Mi padre empezó a laborar como ayudante de electricidad y, motivado por aquel gran señor que le dio la mano, puso todo su empeño en aprender esta nueva profesión.

En la capital antioqueña la familia siguió multiplicándose. El 21 de diciembre de 1957 le dimos la bienvenida a este mundo a mi hermano Guillermo León. Nació en medio del jolgorio propio de las fiestas decembrinas y tanto su llanto como su risa ni se escuchaban en medio del carnaval de pólvora, música, globos, trago y algarabía de los vecinos que celebraban esos días navideños.

Siendo aún muy pequeño, y en medio de mi inocencia, recuerdo que para 1958 uno de los candidatos más opcionados para llegar a la Presidencia de la República de Colombia era un señor de nombre Alberto Lleras Camargo. No está por demás recordar que esos pronósticos fueron acertados.

Como mi mamá pasaba más tiempo en la casa que mi papá, ella fue la primera en darse cuenta de la necesidad de salir de esas condiciones tan precarias. Ambos lo discutieron y acordaron contactar de nuevo a mi tía Camila, para buscar un sector que nos brindara condiciones de vida más dignas. La mejor opción resultó justamente cerca de la casa de la tía, a donde nos fuimos muy motivados con todas nuestras pertenencias.

Cuando no llevábamos ni una semana en la nueva casa, se murió la madre de Camila, que a la vez era la abuela de mi madre. A Rosa Paula, como se llamaba, le hicieron las exequias en el Cementerio de San Lorenzo.

Durante el entierro sucedió algo muy raro. Fui al camposanto de la mano de mi mamá y, aunque tenía cinco años y nunca había estado allí, el lugar me resultaba muy familiar. Esa sensación fue particularmente fuerte en el caso de los mausoleos, los cuales *aún mantengo presentes en mi mente.*

Con la muerte de Rosa Paula las relaciones familiares comenzaron a dar giros inesperados. La primera y más relevante sorpresa corrió por cuenta de mi tía Camila, quien se apoderó de tres viviendas que había dejado la abuela. Ni mi mamá ni ninguno de sus hermanos -Faber, Olimpo, Ambrosio y Alicia- se opusieron a ello.

El tiempo fue pasando y mis padres decidieron que era conveniente trasladar la vivienda a otro sitio, que terminó estando muy cerca. La nueva casa también la estrenó un nuevo hermanito, Javier Enrique, quien nació cuando yo comenzaba mi proceso de formación escolar, en el Kinder de doña Carmen.

La familia crecía, por un lado, pero por el otro se reducía. En efecto, en 1962 murió víctima de un cáncer mi tío Faber. Al recordar ese hecho me sorprenden dos cosas: Una, que era muy joven, pues apenas tenía 24 años de edad. Y la otra, es que falleció justo cuando se encontraba haciendo todos los preparativos para su boda.

Esa pérdida nos golpeó muy duro a todos, porque Faber era un ser humano grandioso al que apreciaba toda la familia. Sus últimos años los pasó en el hogar de Camila, una decisión que para la tía significaba un gran respiro económico, porque la contribución de Faber era bien importante para el sostenimiento de la casa.

A esta tragedia le sucedió otra peor.

Pasados unos tres meses de la muerte de Faber, Camila citó a su casa a mi madre, Alba Lía.

Amablemente le ofreció que se tomaran una taza de café y cuando se lo sirvieron se sentaron en la sala y la tía fue directo al grano.

-Alba Lía, necesito que firmés este documento, que es muy importante, y por ello vas a recibir 2.000 pesos, una suma que seguro será una cuota muy importante si te decides a comprar casa propia.

En efecto, esa cuantía era bien importante para la época.

-¿Y de qué se tratan esos papeles? -preguntó muy, pero muy preocupada mi madre.

Camila no respondió de inmediato. Como dudaba de lo que iba a decir, prefirió guardar un poco de silencio…

Mi mamá no le quitaba los ojos de encima y le insistió en su pregunta.

-Ve, esa es una póliza que dejó a tu favor tu hermano

Faber. Pero resulta que yo debo ser la garante, porque fui yo quien lo crió.

Mi mamá se quedó en las mismas, pero esas palabras le removieron el recuerdo de que tanto ella como sus hermanos Faber, Olimpo, Ambrosio y Alicia, habían quedado huérfanos de padre y madre desde hacía mucho tiempo. Ante esa realidad, cada uno buscó su mejor camino para abrirse paso en la vida.

Alba Lía no entendió a cabalidad el asunto, pero el argumento la motivó lo suficiente para dar su palabra y decir que sí firmaba. Y su razón era muy clara. En medio de la pobreza y carencias que teníamos, 2.000 pesos caían como una bendición celestial.

Camila no pudo ocultar su alegría con esa decisión de mi madre y la despidió con un fuerte abrazo…

-Doña Alba Lía, que por favor pase a la casa de mi mamá "Toñita" -la sorprendió en la calle un muchacho que le hacía esa invitación en tono muy bajo, como para que nadie más se enterara.

Mi mamá se desvió de su camino y se dirigió con sigilo a la casa de nuestra vecina María Antonia, quien vivía en la misma cuadra de Camila.

"Toñita" no estaba sola. Mi mamá entró y la dueña de casa se la llevó en silencio hasta el solar, en donde las esperaban otras dos amigas: Doña Rosa y doña Maruja.

Luego de los saludos de rigor, "Toñita" tomó la vocería y le dijo a mi madre:

-*Alba, mija, por Dios, no vayas a cometer el error de entregarle esa póliza a tu tía Camila.*

-*Mira, Alba, que estás pagando arriendo y esta es quizás la única oportunidad que vas a tener en la vida de hacerte a una casita propia* -le expresaron Maruja y Rosa, quienes estaban muy deseosas de entrar en la conversación.

-*La póliza te pertenece exclusivamente a ti. Tienes que pensar en el futuro de tus hijos* -le enfatizaron sus amigas.

El llamado de atención de las vecinas dio sus frutos y mi madre comenzó a reflexionar y a mirar las cosas desde una perspectiva diferente.

"Toñita" conocía en detalle todo el caso de la póliza, no porque fuera vidente o cosa por el estilo. Qué va. Todo se explica por el hecho de que ella era la única de la cuadra que tenía servicio telefónico en su casa.

Por lo tanto, ella había sido testigo de la mayoría de las conversaciones que Camila había sostenido con los señores de la aseguradora y también del procedimiento que debía seguirse para recibir el pago de la póliza.

Tan agradecida estaba mi mamá con sus vecinas, que aceptó quedarse a tomar el algo con ellas. La comilona estuvo deliciosa, pues la anfitriona sirvió chocolate caliente, la infaltable arepa y pan con quesito.

Entre comida y conversa se les iba yendo el tiempo. Como a eso de las 6:30 de la tarde mi mamá se despidió de "Toñita", Maruja y Rosa, con un sentimiento de gratitud que confirmó en cada apretón de manos y abrazo que les dio. Abrió la puerta, sacó la cabeza primero para cerciorarse de que nadie, y particularmente Camila la estuviera observando por ahí, y cuando se sintió segura inició su caminata a casa.

No iba ni en la mitad del trayecto que debía recorrer cuando se encontró con mi padre, que retornaba del trabajo. Se saludaron y ella le dijo al oído que tenía que contarle algo muy importante, pero que le tocaba esperar hasta que llegaran a su hogar.

-*¿Qué está pasando, Alba?* -preguntó muy intranquilo mi padre, luego de ser llevado por mi mamá hasta la última habitación de la casa.

-*Siéntate ahí, en ese taburete, y espérame un momento* -le ordenó mi mamá, quien se fue y a los dos minutos retornó con una taza de aguapanela con limón.

-*Bueno, Armando, escúchame bien…*

Dicho esto, mi madre le relató, con lujo de detalles, las conversaciones que había sostenido con Camila y con las tres vecinas.

-Esta Camila si es muy…. -gritó mi padre, tirando simultáneamente con violencia el taburete a un rincón. No se ahorró ni una maldición y hasta quiso salir corriendo a su casa para manifestarle todo su malestar.

Mi madre lo tomó por un brazo, le acarició la espalda con cariño, puso el taburete en su lugar y lo invitó a que se calmara. No le resultó fácil, pero lo consiguió.

Al día siguiente, Camila, al ver que se aproximaba la noche y mi mamá no aparecía, la mandó a llamar con su hijo Conrado, mi primo.

Alba aceptó, un tanto temerosa, y más nerviosa se puso cuando al entrar a la casa de mi tía vio que en la sala principal la estaban esperando Camila y sus hijas Margarita y Zoraida.

Esta vez no hubo saludos ni gestos de amabilidad.

-Bueno, Alba, vas a firmar la póliza, ¿sí o no? -le preguntó con aire muy dominante Camila, ante la expectante mirada de sus tres hijos, quienes mantenían clavados sus ojos en mi madre.

No sé si mi madre quedó petrificada por el miedo o si se puso a buscar fuerzas en algún lado, pero permaneció muda durante unos dos minutos que a todos se les hicieron eternos.

-No, tía, no voy a firmar -les dijo luego de esa pausa mi madre, con una voz tímida y un poco baja.

23

-Tienes que firmar, tienes que firmar -le gritaron los hijos de Camila, quienes liberaron en forma de insultos toda la rabia que sentían en ese momento.

-Mi mamá fue la que crió a Faber, por eso es que tienes que firmar esa póliza -le expresaron con aire desafiante los hijos de Camila, especialmente Conrado y Zoraida.

La discusión se tornó tan virulenta, que los vecinos se dieron cuenta y algunos de ellos llegaron a la casa de la tía para tratar de calmar los ánimos.

La pelea estuvo, como se dice, para alquilar balcón.

-Alba, ten en cuenta que si firmas recibirás 2.000 pesos -le dijo Camila a mi mamá en tono más… suave.

Al escuchar otra vez esta cifra, mi madre le respondió con gran conocimiento de causa:

-Camila, ya sé que ese seguro de vida es de 10.000 pesos y mi hermano Faber lo dejó a mi nombre. Ese dinero me pertenece en su totalidad. Ahora, para no tener más inconvenientes con ustedes, se las pongo de la siguiente manera: Yo cobro la póliza y en compensación les doy 2.000 pesos.

De nuevo se armó la de Troya. La sala se quedó pequeña para albergar tantos insultos que le dijeron a mi madre, la cual estuvo a punto de ser agredida físicamente.

-Pues entonces nos tocará meterle un abogado a esto -amenazó Camila con una furia tremenda.

Mi mamá, muy intimidada por todo lo que había pasado y especialmente por el pleito legal que le habían anunciado, abandonó la casa de Camila.

-Descarada, ladrona -le gritaban hasta desternillarse Conrado y Zoraida a mi madre, mientras ella, sin apurar el paso y haciéndose la sorda, se dirigía a nuestra casa.

Cegada como estaba por la ambición, Camila contactó a m*ás de tres abogados con la esperanza de que le dieran la razón.*

Ninguno lo hizo.

Todos le manifestaban lo mismo:

-Doña Camila, lo mejor es que acepte el dinero que generosamente le ofrece la señora Alba, porque si ella quisiera, legalmente no tiene la obligación de darle a usted un solo centavo de esa póliza. Váyase por las buenas con ella.

Tres días después, y en pleno fin de semana, tocaron a la puerta de mi casa. Mi hermana Margarita salió a mirar de qué se trataba.

Abrió la puerta y se encontró con la figura de Camila.

Ya estaba más serena.

Entró y se dirigió hacia la cocina, en donde estaba mi mamá, quien por el recuerdo de tantos improperios que había recibido se puso a la defensiva.

-*Tranquila, Alba, ya no peelemos más. Venga y conversemos* -le manifestó Camila.

-*Usted tiene la razón, Alba. Pongámonos de acuerdo y el próximo lunes vamos y cobramos la póliza.*

Mi padre, muy arisco por todo lo que había acontecido, no dejó ir sola a mi mamá a esa diligencia, de la que no se le despegó ni para ir al baño.

Al final las cosas salieron bien para ambas familias. Se cobró el seguro y se hizo la repartición del dinero de acuerdo con lo que se había convenido.

La plata rindió.

En nuestro caso, mis padres aprovecharon esa fortuna inesperada y compraron un lote por 6.000 pesos. También dotaron el hogar con utensilios y electrodomésticos nuevos y a los hijos hasta nos pusieron a estrenar ropa.

Capítulo IV

Sorpresas nos da la vida

El seguro de mi tío se convirtió en una bendición y en la gran oportunidad para transformar nuestras vidas.

Mis padres se trazaron como meta conseguir una casa propia. Aprovechando que ya tenían el lote, mi madre hizo las gestiones ante el Instituto de Crédito Territorial (ICT), en donde tramitó y le fue aprobado un crédito hipotecario.

Por esos mismos días llegó a nuestra casa una correspondencia. Oh, sorpresa. Era nada más ni nada menos que una carta escrita por el hijo del señor José Ignacio Giraldo, ya que tanto él como su esposa no sabían escribir. En la misiva relataban que el mayoral estaba muy enfermo y que tenía que viajar de Andes a Medellín para que fuera revisado por un médico.

Mis padres no daban crédito a lo que estaban leyendo, pero con gran humildad y como buenos cristianos que eran pasaron por alto las humillaciones que habían padecido y respondieron que, por supuesto, la casa estaba a disposición de José Ignacio y su esposa, a quienes recibirían de la mejor manera.

La visita llegó a los dos días.

Rita llevaba de la mano a su esposo, a quien de lejos se le notaba que tenía grandes dificultades para ver.

Ambos fueron recibidos de la manera que se les había prometido, o sea con gran amabilidad.

Al día siguiente, muy temprano, mi madre acompañó al enfermo y su esposa al consultorio de un prestigioso médico de Medellín, a quien simplemente llamaban el doctor Callejas. El galeno revisó al mayordomo, le ordenó que se hiciera unos exámenes de sangre y, posteriormente, cuando leyó los resultados de esos exámenes su diagnóstico fue que José Ignacio tenía una diabetes muy avanzada. Le recetó insulina, un medicamento que nunca le habían aplicado a tiempo al paciente, porque ni él ni los médicos del pueblo sabían a ciencia cierta qué padecía. De ahí el estado crítico en el que llegó a Medellín.

Mi mamá no se le despegó al enfermo ni un minuto. Lo cuidó con esmero y cariño, le dio los medicamentos que le habían sido recetados y, de mutuo acuerdo con mi papá, hasta le ayudaron a José Ignacio para que consiguiera los lentes de contacto que le recetó un especialista.

Todas esas atenciones fueron muy efectivas y a pasos agigantados el enfermo comenzó a mostrar signos de mejoría. Justo el día que lucía su semblante más saludable, fui testigo de una de las escenas más conmovedoras y memorables de toda mi vida, por las enseñanzas que me dejó a una edad tan tierna.

Arrodillado, y con las lágrimas salpicándoles los pies a mis padres, José Ignacio les suplicaba que le perdonaran sus humillaciones y todo el daño que les hizo cuando trabajaban en la finca.

-*Hombre, José Ignacio, esté tranquilo. Nosotros lo perdonamos* -respondieron mis padres, también con los ojos llorosos.

-*Haber dejado nuestras vidas en el campo, ha significado para nosotros un gran cambio en esta ciudad. Por lo tanto, estamos en paz con usted* -le agregó mi papá, quien ya no era labriego ni ayudante, sino todo un oficial electricista.

José Ignacio se puso de pie, se limpió las lágrimas con las mangas de la camisa -algo que yo veía con mucha frecuencia tanto en niños como en adultos- abrazó a Rita, su esposa, y se dirigieron al comedor. Ese día todos nos comimos un delicioso sancocho, el sancocho del perdón, preparado con un inmenso amor por mi madre.

La insulina, los otros medicamentos, el cambio en los hábitos alimenticios ayudaron a que el señor

Ignacio mostrara un estado de salud que le permitía regresar a su casa. Así lo hizo, pero antes se despidió de mis padres, les dio las infinitas gracias por todo y puso su granja a nuestra disposición, por si alguna vez queríamos visitarlos.

Así lo hicimos muchas veces durante nuestras vacaciones escolares, previo cumplimiento de un requisito: Atender bien nuestras obligaciones académicas y sacar buenas notas.

Cada vez que íbamos a la casa de don Ignacio y doña Rita, ellos y sus hijos nos llenaban de atenciones y hacían muy grata nuestra estadía.

El "tío Celino" fue otro de los parientes a quienes mis padres les abrieron las puertas de nuestra casa, para ayudarles con sus tratamientos médicos.

Él llegó por recomendación de doña Rita, quien era su cuñada. Su próstata estaba tan mal, que ya casi no podía orinar. Y cuando lo intentaba, le salía sangre.

Mi madre también lo llevó para que fuera evaluado por el infaltable doctor Callejas. Cómo él era médico general, le dijo al "tío Celino" que se tenía que hacer unos exámenes clínicos y buscar la cita con un urólogo.

Conseguir hoy una cita como esta es toda una tortura.

Al "tío Celino" se la dieron a los dos días.

Mi madre se quedó en la recepción y miró cómo el paciente era llevado por el médico a su consultorio.

-Bueno, hombre, bájese el pantalón y los calzoncillos -le ordenó el médico al "tío Celino", quien se puso en guardia y temeroso ante dicha solicitud.

No había nada qué hacer. Con un ojo cerrado por la vergüenza y con el otro vigilando al médico, Celino se desprendió con pudor de su vestimenta.

El médico le indicó que debía doblar el cuerpo y dejar expuesto su ano para el análisis de la próstata. Ya con esta sola instrucción Celino entró en pánico.

El médico se le acercó, muy despacio, para no asustarlo más, y cuando estaba a punto de meterle uno de sus dedos por el ano, Celino le preguntó.

-Oiga, doctor, ¿y usted qué me va a hacer?

-Tengo qué penetrarte para poder revisar tu próstata.

-Cómo así, doctor, que usted me va a meter el dedo por el culo. Ah, no señor, a mí me respeta. Yo en mi vida he sido siempre un varón.

-Eso lo entiendo, Celino, pero si no te dejas revisar, corres el riesgo de morirte.

—Vea, doctor, respéteme. Si eso es así, más bien me muero. Yo no me dejo meter el dedo por el culo de ningún hijueputa.

Mi madre se enteró de todos estos detalles porque la discusión entre el médico y el "tío Celino" fue subiendo del tono íntimo propio de un consultorio, a prácticamente los gritos del indignado paciente.

Bastante preocupada, mi madre entró al consultorio, en donde el médico y el paciente le dieron sus propias versiones.

Muy apenada, mi progenitora intentó calmar los ánimos, cosa que por demás no logró, y sacó de allí al "tío Celino", quien echaba chispas de la indignación.

Ni examen ni tratamiento alguno se le pudo hacer en Medellín al tío, quien regresó al día siguiente a Tapartó.

Tres meses después nos llegó la noticia.

El "tío Celino" se había muerto de cáncer en la próstata.

En esta misma casa, tan hospitalaria, vivimos varios años y uno de nuestros pasatiempos de fin de semana era sentarse en el quicio de la puerta para ver los partidos de fútbol entre los jóvenes de la cuadra.

Decirlo es fácil. Verlo resultaba tensionante. Los muchachos jugaban con mucho ímpetu, los roces eran inevitables, los más fuertes y los más bravos intentaban imponer su ley y, al final, se armaban unas peleas a puño limpio.

Pero eso no trascendía.

A la semana siguiente los mismos pelaos del club de la pelea estaban jugando como si nada hubiera pasado. A todos les podía más la amistad.

Además de ese juego entre "locales", también se registraban "desafíos" o encuentros entre los muchachos de una cuadra del barrio contra los de otra cuadra.

En uno de esos partidos los jóvenes de mi cuadra se enfrentaron con los vecinos de mi primo Conrado, quien también jugó con ellos. Ese era todo un clásico y mis afectos no estaban con el equipo del primo, sino con los otros muchachos.

Mis preferidos ganaron el encuentro y Conrado, llevado por la ira, quiso molerme a golpes. En la cara y en sus puños le vi lo iracundo que estaba y sus ganas de pegarme. Corrí lo más rápido que pude, abrí la puerta de mi casa y me escondí allí. Conrado no pudo alcanzarme y para expresar su enojo e impotencia empezó a lanzar contra mi casa piedras y cuanto objeto se encontraba, ayudado por sus otros compañeros de equipo.

Fue más grande el susto que los daños. Las puertas

y ventanas de la casa habían sido elaboradas con maderas muy finas y además estaban protegidas por varillas de hierro.

Cuando les llegaron a mis padres con el chisme, de inmediato salieron a ponerle la queja a Camila, mamá de Conrado. Al primo le supo a cacho, porque su mamá le propinó un fuerte castigo y le hizo reflexionar sobre lo peligrosa que había sido su agresión contra nosotros.

A mí también me encantaba el fútbol y desde muy niño.

En una oportunidad estaba jugando en la calle con mis amigos. No sé qué pasó, pero recuerdo que de un momento a otro me vi levantándome del piso y acto seguido mi papá me cogió a correazos y me arrastró hasta nuestra casa.

Diez minutos más tarde, mis amiguitos tocaron a la puerta y preguntaron en qué condiciones me encontraba. Nadie les dijo nada, pero quedaron algo tranquilos porque me vieron en el fondo de la casa, sentado en una butaca y resentido por el castigo de mi papá.

Yo aún estaba aturdido por la escena, que no recordaba bien. A los minutos me contaron que mientras jugaba en la calle, pasó un carro de la marca Desoto. El conductor apenas sí pudo frenar y milagrosamente logré salir por debajo del vehículo sin un solo rasguño.

No me morí.

Ni el hecho mató mi amor por el fútbol.

Al contrario. Me volví más apasionado y tan calidoso, que inclusive los muchachos mayores me invitaban a que jugara con ellos en varios partidos. Eso llamó la atención de un cazatalentos que me recomendó para jugar en un equipo infantil llamado "Camisas Furiam".

Hummm. Quizás solo quienes han sido deportistas pueden entender lo que se siente cuando uno se mira en el espejo vestido con el uniforme completo, los guayos y las medias… todo con ese olorcito a nuevo. Eso es indescriptible.

Me lo disfruté, pero fue poco el tiempo que estuve al servicio de ese equipo. Por esos mismos días ya estábamos alistando maletas para mudarnos a nuestra primera vivienda propia.

Capítulo V

La casa, nuestra casa

Una odisea. En eso se convirtió la planeación y construcción de nuestra nueva casa, de nuestro nuevo hogar.

Cuando el Instituto de Crédito Territorial (ICT) aprobó el desembolso del crédito, la primera decisión que había que tomar era quién nos iba a construir la vivienda. El primero en sugerir un nombre fue mi padre, quien consideró que el más idóneo para hacer ese trabajo era su primo Elías.

A mi madre esa idea no le gustaba, pero después de muchos alegatos y desavenencias se impuso la voluntad de mi papá, Armando.

Mi mamá se echó al dolor, contactaron a Elías y este pidió un adelanto de $80 para comenzar la obra.

Alba Lía, mi madre, tampoco estuvo de acuerdo con esa petición, volvió el tira y afloje y, al final, otra vez ganó el pulso mi papá.

Un sábado, del mes de abril de 1965, se le entregaron a Elías los primeros $80 para la construcción de nuestra vivienda. Previamente el oficial se comprometió a que el día martes regresaría con los materiales para dar inicio a los trabajos.

Llegó el martes… y el oficial, Elías, no apareció por ninguna parte.

Esperaron al miércoles…

Luego esperaron el jueves…

Mi madre no aguantó más. En esa época no teníamos celulares y modernos sistemas de comunicación. Las razones se enviaban con terceros o por correo.

Iracunda, mi mamá salió de la casa y se fue a buscar al albañil. No le fue fácil ubicarlo, pero como Alba Lía era tan persistente, ayudada por otros familiares logró dar con su paradero.

A Elías lo encontraron en una vieja cantina, del municipio de Caldas, Antioquia.

El hombre estaba tan, pero tan borracho, que ni siquiera reconoció a mi mamá y la invitó a que se tomara una cerveza.

Aghhh, esa fue la tapa.

Mi madre explotó y en medio de su exasperación

quiso pegarle al oficial, pero se contuvo al ver el lamentable estado en el que Elías se encontraba y emprendió el camino de regreso a casa.

-Viste, yo te lo advertí. Ese desgraciado no es sino desgraciado, un irresponsable, un descarado, un borracho -le dijo en medio de una fuerte discusión a mi padre.

Armando, al ver que su mujer ha terminado teniendo toda la razón, se limitó a guardar silencio. No le dijo ni esta boca es mía!!!

Lo que sí hicieron, juntos, como pareja que estaba unida por el propósito de construir su primera casa, fue ir al rancho donde vivía Elías, para que les devolviera el dinero que le habían adelantado.

Cuando el albañil se enteró de que Armando y Alba Lía se estaban acercando a su rancho, se dio a la fuga. Sí, huyó con el dinero, bueno, con lo que le quedaba de él, se convirtió en un fugitivo y nunca más volvimos a tener noticias suyas.

Ya se pueden imaginar lo amargo que fue ese viaje de regreso a casa. Y el rosario de reproches que tuvo que aguantarse mi padre, ese día y todos los días que tuvieron pasar antes de que pudieran dar por cerrado ese capítulo para avanzar en su proyecto.

Cuando mis papás se resignaron a la pérdida de ese dinero, mi mamá tomó las riendas del proyecto y preguntó aquí y allá para dar con un buen oficial.

Unos vecinos la convencieron de que el más indicado para ese contrato era un señor llamado Marcelo. Recibió las indicaciones de dónde ubicarlo, tomó esos datos, habló con mi papá y le pusieron una cita al oficial, para llegar a un acuerdo sobre los costos de la construcción, el tiempo de entrega de las obras y sus honorarios.

Don Marcelo llegó muy puntual a la cita, se saludó con mis padres y fue invitado a que se ubicara en la sala, para hablar del tema y tomar las decisiones del caso. En medio de esas discusiones mi papá, Armando, soltó una silenciosa, olorosa y muy desagradable flatulencia.

El lugar quedó contaminado a tal grado, que la mayoría de los presentes salieron despavoridos a buscar aire fresco.

Mi papá se quedó quieto, como petrificado.

Don Marcelo hizo lo mismo y se tragó, por prudencia, toda esa podredumbre.

Este hecho tan peculiar se convirtió en la antesala del satisfactorio acuerdo al que llegaron ambas partes, para dar comienzo a la construcción de nuestra casa.

Al mes y medio de iniciadas las obras el dinero comenzó a escasear y la casa aún no estaba habitable.

Alba Lía, aún dolida, le recordó a Armando lo que había acontecido con el primo que les había robado los $80. Como ya nada se podía hacer al respecto, se les ocurrió hablar con el patrón de mi papá, don Rodolfo, para que les hiciera un préstamo.

-Claro que sí, cuente con ello, Armando -le respondió el patrón -quien efectivamente le facilitó la suma de dinero que le pidieron prestado.

La obra se tragó ese capital y aún seguían faltando recursos para terminarla y convertirla en un lugar digno para sus moradores.

Ese era el deseo.

La realidad era que tampoco nos podíamos dar el lujo de seguir pagando arriendo.

Por lo tanto, y aún les sucede a muchas familias que hacen en forma progresiva sus viviendas, a nosotros también nos tocó irnos a vivir a una casa que estaba en obra negra.

Para mí eso fue muy decepcionante. Realmente sentía vergüenza cuando mis amigos iban a mi casa y veían que las paredes estaban sin revocar, sin pintar, sin puertas en el baño y en las habitaciones y con el piso en cemento.

Pero, qué le íbamos a hacer. Eso era lo que había y nos teníamos que adaptar a ello.

En esas condiciones pasamos unos dos años. Al fin mi padre se sintió más desahogado económicamente y solicitó un nuevo préstamo, con el objetivo de terminar la casa.

Nuestra vivienda quedó hermosa y con ello se fueron mis amarguras e inseguridades. Al verla tan habitable, invitaba a mis amistades para que siguiéramos compartiendo esos momentos dulces de nuestra infancia.

Capítulo VI

Fui creciendo a la bartola

El niño comienza a transformarse en un hombre. Y, de fondo, se escucha Consejo de Oro, ese bello tango de Agustín Magaldi.

Fui creciendo a la bartola y a mis años juveniles agarré por el camino que mejor me pareció…

Sí, pero con la diferencia de que mi mano nunca mendigó.

Ya papá y mamá habían traído a este mundo ocho hijos. De mayor a menor eran ellos: Juan José, Marcos, Margarita, Guillermo León, Javier, Dora Estella, Esteban y Elizabeth.

Lo más fácil para ellos era darnos amor a todos, aunque a su manera, por supuesto. De resto, la crianza, la alimentación, la educación y la protección obviamente no eran fácil con tantos muchachitos para atender.

Además, el ambiente hogareño era doblemente

hostil. Cada día aumentaban los conflictos entre mis padres. Y esos conflictos se traducían también en discordias y discusiones entre los hermanos mayores. Hasta el momento en que cada uno tomó su camino, fueron constantes e incontables los enfrentamientos que tuvimos Marcos, Margarita y yo.

Terminados mis estudios de primaria en la escuela República del Salvador, localizada en el barrio Campo Valdés, quise hacer mi secundaria en el Liceo Antioqueño, una institución que era anexa a la Universidad de Antioquia.

Me presenté, con gran ilusión, y no pasé el examen. No me di por vencido y, aun cargando con mis sentimientos de frustración, me presenté al Liceo de Manrique, que fue el único en el que superé las pruebas de admisión.

El problema es que dicho liceo quedaba como decimos "en la quinta porra", o sea muy lejos de mi casa. Era lo que había y superando las incomodidades que eso me generaba comencé mis estudios de primero de bachillerato.

Debo precisar que asistir a clases me demandaba un gran esfuerzo y me dejaba en extremo agotado… porque el largo trayecto debía hacerlo… a pie.

Eso lo hacía de ida y vuelta. No fueron pocas las veces en que al regresar a casa, veía a mi papá desplazarse en el bus. Entonces hacía una breve pausa, con la secreta esperanza de que me tirara por la ventanilla las monedas que necesitaba para pagar el pasaje y viajar a su lado.

Eso nunca pasó, a pesar de que él también me veía a mí caminando a casa.

Otras veces estaba tan agotado, que me convertía en un polizón y me colaba en el colectivo por la puerta de atrás sin que el conductor se percatara, una acción temeraria que exigía mucho valor, agilidad, pericia y suerte, mucha suerte.

Todo eso me hizo sentir muy pobre, aunque no miserable, porque esas tampoco eran nuestras reales condiciones de vida. Como niño en tránsito acelerado hacia la pubertad, yo tampoco tenía mucha capacidad de interpretar la realidad y me dejaba golpear por situaciones emocionales que me marcaron para siempre.

Recuerdo, por ejemplo, que en los descansos del colegio mis compañeros se sentaban a comer la media mañana que les habían empacado sus mamás, incluyendo refrescos y pasabocas.

Otros, que no tenían o que ya habían calmado el hambre, se aproximaban a un señor que tenía un carrito de tres ruedas y una campanilla cuyo sonido nos volvía agua la boca, porque se trataba de un vendedor de Helados La Fuente. El hombre era afrodescendiente, tenía los labios gruesos e iba vestido de blanco, desde el uniforme hasta la gorra.

Él era don Valentín.

En los descansos yo tenía un ritual. Desde que sonaba la campaña del recreo, corría y me ubicaba al lado del carro del paletero, como le decíamos. Ahí me quedaba en silencio, pasando saliva, mientras veía cómo mis otros compañeros le compraban diversos productos a Valentín.

Por mi vista pasaban conos, paletas, galletas… todas esas deliciosas tentaciones que yo no podía disfrutar, porque como niño pobre no tenía un centavo en los bolsillos.

Cuando sonaba de nuevo la campana, indicando que el recreo había terminado, yo me iba cabizbajo y con una mezcla de rabia y desazón, porque no podía disfrutar de alguno de esos helados.

Mi asidua compañía de alguna manera llamó la atención del paletero. Un día se repitió la escena. Solo que esa vez, comencé a alejarme y el señor Valentín salió corriendo detrás de mí.

-*Oye, chico* -me dijo la voz de ese hombre al que reconocería hasta con los ojos cerrados.

Me alcanzó, me puso una mano en el hombro y me extendió la otra, diciendo:

-Aquí tienes este helado, es un cono de vainilla con pasas. Espero que lo disfrutes.

Cosas como esas no se le olvidan a uno en la vida. Por ello el nombre de Valentín, en mi caso, es un gran sinónimo de nobleza y sensibilidad social. Jamás lo olvidaré. Eso es seguro.

Académicamente no era muy bueno. Eso se reflejaba en las notas que obtenía a lo largo del curso y en la noticia que tuve que darles a mis padres: reprobé el curso. Su reacción ya la sabía muy bien: cantaleta al por mayor y un fuerte castigo físico.

Las consecuencias no pararon ahí.

En el Liceo de Manrique me cerraron la puerta, porque tenían la política de no recibir "repitentes". No hubo poder humano que les obligara a cambiar de idea. Hasta inútiles fueron los ruegos de don Hernán Bermúez, profesor de educación física y director técnico del equipo de fútbol juvenil del colegio. Su deseo era que permaneciera en la institución, y en la selección, porque le parecía que mi desempeño como futbolista era muy bueno.

Al cerrarse esa puerta, tuvimos que acudir a muchas otras instituciones para poder continuar con mis estudios. Cuando estaban a punto de cerrarse las inscripciones, nos dieron un chance en el Instituto Popular de Cultura.

Los exámenes eran a los tres días, los presenté y los superé, obteniendo uno de los mejores puntajes en las pruebas.

Desde el punto de vista de la formación académica, haber estudiado en el I.P.C. fue una de las mejores experiencias para mi vida. Por tratarse de una institución que ofrecía bachillerato técnico, fue justamente en sus aulas que comencé a trazar mi destino en el campo profesional, una de las área de mi vida que más satisfacciones me ha reportado.

Además de la formación en las materias tradicionales, los alumnos teníamos la oportunidad de escoger entre tres opciones un complemento académico: Mecánica, electricidad y comercio.

Al trabajar mi padre como electricista, es muy probable que esto hiciera que me inclinara por su misma profesión.

Como el Instituto quedaba en el centro y mi papá no podía darme para los pasajes del bus, me vi en la obligación de trabajar en las mañanas y tomar las clases por la tarde.

Mi primer empleo, como adolescente, fue en una fábrica de aliños, que cerca de mi casa tenían doña Nohemí y su esposo don Jaime, quienes eran los padres de William, Humberto y Gladys.

Los productos se fabricaban de manera artesanal, los empacaban en bolsas de papel transparente y luego los fijaban en cartones del tamaño de una hoja de oficio.

Al ver mis reales necesidades, esta familia fue condescendiente y me permitió que fuera uno de los vendedores de sus aliños, labor que hacía tres veces a la semana, que me permitían obtener el dinero para costear mis pasajes. Inclusive, quedaba plata para comprarme los refrigerios en los descansos y a veces hasta para colaborar con los gastos de mi casa.

A pesar de esos beneficios, vender aliños me producía un sentimiento de vergüenza.

No porque fuera malo vender estos productos, que eran tan necesarios en las casas. Lo que me aburría era que muchos de mis amigos se burlaban de mí, al punto de ponerme como sobrenombre "Juancho el aliñado". Por eso mismo evitaba que mis compañeros de clase se enteraran de mi trabajo.

Sin embargo, por el otro lado, no me faltaron los parceros que vivían en un barrio lejano y, al saber lo que estaba vendiendo, me conseguían clientes en las tiendas. Ellos hacían las ventas de paquetes o cartones de cominos, canela, azafrán, etc, yo les llevaba los productos y luego en el colegio les compensaba el favor pagándoles un buen refrigerio.

Por el lado de mis estudios las cosas no marchaban tan bien. Cuarto de bachillerato se me estaba volviendo una pesadilla. Estuve a punto de perder el año, por las malas calificaciones en tres materias. Gracias a la benevolencia del profesor de geografía, que me subió la nota final, pude habilitar las otras dos materias que había perdido.

Después del susto vino una gran satisfacción: Ese año salí con mi certificado de "electricista industrial" en la mano.

Del I.P.C. tuve que dar el salto al Liceo Concejo de Medellín para continuar con mis estudios. La institución quedaba en el barrio La Floresta y me tocaba tomar cuatro buses, dos de ida y dos de vuelta. Ya en la semana no podía vender los aliños para cubrir mis gastos, así que cuadré con los dueños del negocio para poder hacerlo los días sábados y domingo.

En ese año mismo año, 1971, apareció en mi vida Mauricio Gómez, una persona que luego se convirtió en mi mejor amigo. Éramos vecinos y compartíamos a diario todas las vivencias de nuestra juventud.

Él fue uno de los pocos que conoció la amargura que sentí al reprobar el quinto año de secundaria. La decepción de mis padres es indescriptible. Quedé tan golpeado por su reacción, que después de debatir con ellos les informé que suspendería mis estudios, porque prefería ponerme a trabajar

-Eres un bueno para nada. Ve a atracar buses, que para eso es que estás bueno -me dijo en tono muy

humillante mi primo Conrado cuando le contaron de que había perdido otro año. Él, por su parte, ya estaba comenzando su ejercicio profesional como docente.

Ese final de año fue muy amargo. La Navidad me sabía a fracaso por haber desaprobado otro grado y también tenía que lidiar con la gran incertidumbre de lo que me traería la vida en 1972.

Tanta indecisión me inquietaba.

-Definitivamente usted tomó la decisión de dejar de estudiar -me dijo Armando más en tono de reproche que de pregunta.

Eso fue un sábado por la noche, apenas dos días antes de que comenzara la temporada estudiantil del año 1972.

-Sí señor -le dije escuetamente.

-Bueno, joven. Siendo así, ya conversé con uno de mis amigos, un señor llamado Alfredo, para que vaya donde él.

Así lo hice al día siguiente.

-¿Usted es Juan José? -me preguntó con voz apacible el hombre que me abrió la puerta.

-Sí, don Alfredo, yo soy.

-Su papá me dijo que usted quiere trabajar. ¿Eso es cierto?

-Así es, señor.

-Muy bien, Juan. Lo espero el próximo lunes, aquí en la puerta de mi casa. Llegue bien temprano, a las 6:45 de la mañana.

-Bueno, don Alfredo. Muchas gracias y hasta luego.

No hubo más palabras y yo sentía que las necesitaba. Sobre todo de parte de don Alfredo. Como no había nada más qué decir, me regresé a casa confundido y con un montón de ideas dándome vueltas en la cabeza.

¿Qué diablos me van a poner a hacer?

Esa pregunta me la hice varias veces durante el fin de semana.

Por fin llegó el lunes.

Mi mamá me preparó y empacó el almuerzo con ese amor de siempre. Lo metí en una bolsa plástica, junto con una muda de ropa de trabajo.

A la hora acordada toqué a la puerta de don Alfredo.

-Muy buenos días, don Alfredo.

-Qué bien, Juan. Muy cumplido usted -me contestó él. Espéreme aquí un momento.

Ese momento fueron unos cinco minutos, al cabo de los cuales apareció de nuevo.

-*Recíbame este talego* -que contenía herramientas- y esta pala. *Camine y vamos a tomar el bus.*

Además de pesados, los elementos que me entregó don Alfredo eran incómodos para cargar, pues también tenía que llevar mi propia bolsa con el almuerzo y la ropa.

Llegamos al paradero de buses y nos pusimos en actitud de espera. El carro llegó, repleto de pasajeros, y el conductor, al vernos tan encartados, nos recomendó que nos subiéramos por la puerta trasera.

Como pudimos nos acomodamos en medio de tanta gente. Yo me sentía muy achantado o avergonzado de que me vieran cargando esos bultos y por ello preferí no levantar la mirada.

-*Juan José* -al cabo de unos minutos alguien comenzó a llamarme por mi nombre.

La voz se me hizo conocida. La busqué, hasta que finalmente me encontré con los rostros de varios de mis excompañeros del colegio con quienes el año anterior solía compartir el viaje de ida y regreso.

Sentí de todo.

En mi cabeza y cuerpo bailaron en completo desorden

la pena, el pesar, la nostalgia, hasta el punto de tener que hacer mucha fuerza para no llorar.

Con mucho esfuerzo respondí al saludo y noté que ellos también se sintieron un tanto mal, al ver que yo me disponía a realizar otros oficios, mientras ellos iban a cursar su sexto grado de bachillerato.

Tan bochornoso fue ese encuentro para todos, que antes de la despedida solo cruzamos unas pocas palabras.

El primer día de mi nueva labor fue extenuante. Era la primera vez que trabajaba excavando y removiendo la tierra. Mientras lo hacía, en mi cabeza se seguía reciclando ese encuentro con mis excompañeros. Quizás por ello no noté la manera como mis manos se fueron ampollando. Don Alfredo fue muy comprensivo conmigo, pues entendía que como novato requería de más descansos mientras me iba adaptando.

-¿Cómo le fue al albañil?

Ese fue el saludo, el tono muy burlesco, de mi papá, cuando entré a la casa en las horas de la noche.

-A ver le veo las manos -me dijo mientras se acercaba a mí y las tomaba entre las suyas.

-Muy bueno, eso es muy bueno, para que le tenga amor al trabajo -me comentó con una cara de felicidad que

a mí me ofendió mucho, pues las ampollas se habían reventado y mis manos estaban ensangrentadas.

De mi boca no salió ni por accidente una sola sílaba.

Ardiendo por dentro de la rabia me fui para la terraza y allí dejé que esa furia se drenara a través del llanto.

¿Qué será de mí?, me preguntaba, una y otra vez. Y mientras me revolcaba en esa mezcla de dolor y tristeza, le rogaba a Dios que me mostrara el camino correcto que debía seguir.

Y Dios, atendiendo a mi fe, me iluminó.

Esa misma semana tomé la decisión de no seguir como ayudante de don Alfredo. Cuando hablé con él se mostró muy comprensivo, me pagó la semana que había laborado, nos despedimos muy cordialmente y me deseo muy buena suerte.

Ese mismo fin de semana le manifesté a Alba Lía que seguiría trabajando, pero con un gran cambio: Laboraría en el día y estudiaría en la noche.

Cuando estábamos en esa conversación, Coincidencialmente apareció mi tío Ambrosio, quien también trabajaba como constructor. Una vez se enteró que yo estaba buscando trabajo, me invitó a que fuera su ayudante, ofrecimiento que acepté de inmediato.

Como auxiliar del hermano de mi madre laboré aproximadamente tres meses, hasta que un miércoles en la noche, del mes de septiembre de 1972, mi papá fue a mi alcoba y me dijo:

-Juan, hablé con el señor Rodolfo para que lo vincule a la empresa. Él, como siempre tan comprensivo y solidario con nosotros, respondió afirmativamente.

Esa noticia me llenó de gran entusiasmo y alegría. La veía como un gran paso hacia adelante, ya que allí podía desempeñarme en una profesión relacionada con lo que aprendí en el Instituto Popular de Cultura (I.P.C.).

Al amanecer contacté a mi tío Ambrosio, para darle a conocer la novedad y para agradecerle por haber sido tan tolerante y permisivo en el tiempo que laboré con él. Al despedirnos me expresó todo el aprecio que sentía por mí y me deseó mucha suerte.

A la semana siguiente ingresé a la nómina de la empresa de ingenieros electricistas J. Finnin Asociados.

El primer trabajo que me asignaron fue como ayudante de Armando, mi progenitor.

Esa experiencia resultó demasiado trágica para mí.

Sin ningún tipo de consideración me asignaba tareas extremadamente pesadas.

Me daba malos tratos.

Y hasta me pegaba delante de mis propios compañeros.

En una oportunidad salimos de la obra y un extraño lo abordó. Lo cogió violentamente por el cuello de la camisa y con un machete en su mano le gritaba que no le volviera a decir "judío errante", un insulto que mi padre le decía, al tiempo que se ocultaba para no ser visto.

Al principio sentí miedo, pero luego me calmé, al ver por qué estaba ocurriendo esa escena. Mi papá, por su parte, entró en pánico y prometió que nunca más volvería a ofender a esa persona.

El incidente no tuvo mayores inconvenientes.

Mi padre no se dio cuenta, porque sencillamente nunca se lo revelé, pero la verdad es que internamente me llené de regocijo.

Quizás en una fracción de segundos me hice a la idea de que el "judío errante" había tomado venganza en mi nombre.

En esa compañía estuve unos tres años, durante los cuales también estuve con jefes diferentes a Armando.

Aunque él era mi papá, la verdad es que los otros

jefes fueron más considerados conmigo a la hora de asignarme funciones. Gracias a esta experiencia en la compañía de don Rodolfo, conocí muchas entidades en las que tuve la oportunidad de ir complementando mis conocimientos en el campo de la electricidad y de las instalaciones eléctricas.

Los rigores del trabajo quedaban atrás los fines de semana. Generalmente me juntaba con Mauricio Gómez y salíamos a tomarnos unas cervezas en las heladerías del barrio. También visitábamos amigas y con ellas nos íbamos al cine o de baile en discotecas.

Una cita que para mí era obligada eran los partidos de fútbol los domingos. Sin "chicaniar" o presumir debo decir año tras año fui pretendido por varios equipos de fútbol, a nivel recreativo, y en varias oportunidades pertenecí a dos o tres plantilles al mismo tiempo. Lo podía hacer porque eran ligas diferentes y con muchos de esos clubes salí campeón.

Una de esas finales la disputé jugando para el Club Deportivo Atenas, en un torneo del barrio El Pedregal. En el plantel rival estaban los hermanos Monsalve: Ramiro, Carlos y Rodolfo, quienes habían militado en el fútbol profesional colombiano.

Las graderías estaban a reventar, con habitantes del mismo sector y de algunos barrios vecinos. Mientras hacíamos el calentamiento sonó por el altoparlante "Quédate con tu mujer", un bailable del Nelson y sus Estrellas.

Eso me inyectó una dosis adicional de coraje y luego me llegó la inspiración al escuchar el exitazo "Hotel California".

El juego estuvo muy disputado.

Cuando el árbitro dio el pitazo final ganamos 2 a 1, con goles de mi autoría.

Estos comenzaban también a ser los tiempos de otros juegos más trascendentales en la vida: El amor.

En el año 1975 conocí a una joven, la cortejé y con el correr de los días se convirtió en mi primera novia. Yo iba muy en serio con ella, pero ella no correspondió con igual seriedad a la relación.

Laboralmente me iba mucho mejor... en apariencia.

En agosto de ese mismo año aproveché la oportunidad que me dieron para vincularme a otra compañía en la que me ofrecieron condiciones más atractivas.

Era una empresa productora de flores, especialmente crisantemos, claveles, etc, para la exportación. Tenía su sede en el municipio de La Ceja y acepté con la promesa de que pasado el período de prueba mi salario tendría un atractivo incremento.

Los patronos no cumplieron su palabra. Culminado el período de prueba me mantuvieron la misma remuneración, hice con respeto el reclamo y al no ser atendido renuncié. Lo más absurdo es que, a pesar de haber sido ellos quienes incumplieron lo pactado, me obligaron a pagar un período de preaviso de dos meses mientras conseguían mi reemplazó.

Aunque el salario de ingreso era bueno, comparado con el anterior que tenía, al final tampoco era realmente benéfico para mí, porque durante la semana debía pagar el alojamiento y la alimentación en un hotel de La Ceja. Adicionalmente, debía contribuir al sostenimiento de mi casa y por ello me quedaba muy poco dinero para atender mis necesidades personales.

A pesar de la incertidumbre, tuve cabeza para cumplir mi palabra y entrenar sin egoísmo alguno a la persona que vino a reemplazarme.

El último día de trabajo en esta empresa de flores, justo cuando me estaba despidiendo de mis compañeros apareció un personaje que era muy influyente en la compañía líder en textiles en Colombia: Coltejer.

-Juan, hoy estás terminando tu contrato en Exportaciones Bochica. ¿A qué te vas a dedicar desde mañana?

-Doctor, no tengo ninguna idea al respecto.

El personaje notó mi tristeza de ese momento en que me estaba quedando sin empleo.

-¿Tienes algún compromiso para la próxima semana?
-me preguntó mirándome fijamente a los ojos.

-En lo absoluto.

Dicho esto, me propuso que lo visitara la próxima siguiente en su oficina del Edificio Coltejer, en el centro de Medellín.

Eso se convirtió para mí en una luz de esperanza, porque presagiaba que algo muy bueno se estaba gestando.

El lunes llegué muy temprano a la cita, pero tuve que esperar media hora antes de que apareciera el doctor René Montoya.

-Hola, Juan José. ¿Usted tiene algún plan para el resto del día?

-No, Doctor. No tengo nada pendiente.

-Listo. Prepárese entonces para que me acompañe, porque tengo que hacer una diligencia en textiles Rionegro (empresa del Grupo Coltejer).

-No hay inconveniente, señor -le manifesté en medio de mi desconcierto, porque cuando emprendimos el viaje a factoría situada en el municipio de Rionegro, yo no tenía la más mínima idea de lo que me iban a ofrecer laboralmente.

A llegar a nuestro destino fuimos directamente a la oficina del jefe de personal.

La secretaria no puso ninguna objeción, porque el personaje al que yo seguía era bien reconocido y respetado en la compañía.

-Bien pueda siga, doctor -se limitó a decir la secretaria, luego de saludarnos muy amablemente.

-Sígame, Juan José -me ordenó.

Los dos ejecutivos se saludaron brevemente y luego entablaron un diálogo muy cordial y directo.

-Hazme el favor de enganchar a este señor. Es técnico electricista y lo vinculas al Departamento Eléctrico -manifestó René Montoya.

Todas mis preguntas se resolvieron en ese momento.

Nadie puede imaginar la sensación de felicidad que cubrió cada centímetro de mi cuerpo, especialmente al mirar por la ventana de la oficina del jefe de personal, y ver que en las canchas de fútbol se estaban enfrentando varios equipos.

Yo me transporté y me vi en esos engramados practicando el deporte que más me gustaba en la vida.

Al culminar la reunión me remitieron donde la secretaria, quien me suministró una lista de requisitos y documentos que debía suministrar para vincularme a la organización.

Cinco minutos más tarde salió mi redentor.

Me despidió con un fuerte apretón de manos y solo me dijo: *Bienvenido a tu nuevo hogar.*

Capítulo VII

Esfuerzo y superación

El día que llegué a Textiles Rionegro para firmar el contrato de trabajo e iniciar mis labores, no tenía la más mínima idea del salario que me iba a ganar.

El 10 de mayo de 1976 me presenté a esta empresa, filial de la textilera Coltejer, con la documentación que me habían solicitado. Ingresé al Departamento de Personal y fui atendido por la recepcionista, Amparo Restrepo. Ella revisó muy atentamente los papeles que le entregué. Cuando constató que todo estaba en regla, me hizo entrega del contrato de trabajo.

-Léalo, muy cuidadosamente, y cuando lo termine me lo entrega firmado.

-Sí, señora -le contesté amablemente a la secretaria.

Busqué un sitio tranquilo y empecé a ojear el contrato. Para qué mentir: Lo único que me interesaba de todo lo que allí se decía era cuánto me iba a ganar mensualmente. Al fin vi el monto y quedé muy conforme. Es que no tenía ningún punto de comparación con lo que me pagaban en J. Finnin, donde laboré al lado de mi papá, ni en Exportaciones Bochica. Con esa grata sensación y sin un solo reparo estampé mi firma en el contrato.

Al quedar en firme mi vinculación a la empresa, llamaron a quien a partir de ese momento sería mi nuevo jefe. Cinco minutos más tarde apareció el señor Iván Moncada, pero no se sentó conmigo, sino que primero habló con el Jefe de Personal.

Después de un corto diálogo entre ellos salieron de la oficina y vinieron directo a mí.

-Señor Juan José, le doy la bienvenida a la empresa y le presento a quien desde este momento será su jefe -se anticipó a decir el Jefe de Personal.

Don Iván, muy cortés, se acercó a mí y nos dimos un apretón de manos para sellar ese nuevo comienzo. Luego me condujo a su oficina y allí me presentó, uno a uno, a mis compañeros de trabajo.

Ser subalterno de Moncada, quien era ingeniero electricista, se convirtió para mí en la primera de varias experiencias laborales muy gratas. Al fin y al cabo, como jefe me brindó todo tipo de oportunidades, que me permitieron evolucionar en mi campo profesional.

Muy cumplido llegué al día siguiente para laborar dentro del turno que me habían asignado. Mientras yo me metía dentro del uniforme de trabajo, ellos se ponían la pantaloneta, la camiseta, las medias y los guayos de fútbol.

-Oigan, ¿ustedes a dónde van? -les pregunté a mis compañeros.

-¿Usted juega al fútbol? -me preguntó el ingeniero Moncada, quien casualmente era también el director técnico del equipo de fútbol.

-Sí, doctor, claro que lo juego.

-Siendo así, creo que aún estamos a tiempo de inscribirlo, pero ya será para que juegue en el próximo partido.

-Me parece muy bien-le respondí con gran entusiasmo.

Dicho y hecho. A la semana siguiente fue mi debut y causé una muy buena impresión como futbolista. Una de las consecuencias de ello, fue que mi jefe, y director técnico del club, se volvió tan benévolo conmigo en todo lo que tenía que ver con mi trabajo, que en ocasiones fue hasta alcahuete. Yo tampoco abusé de ello. Por el contrario, con toda esa confianza que me dio Moncada, le puse todo mi empeño al aprendizaje y a mi rendimiento laboral.

Yo estaba muy comprometido y la empresa valoró mis esfuerzos y logros. Así, en cuestión de cuatro meses me hicieron un ascenso y pasé a mecánico de motores.

Moncada se mantenía muy pendiente de mis funciones y lo cautivaba la pasión que yo le ponía al trabajo. Gracias a ello dio un nuevo salto, esta vez a técnico encargado de la sección de telares.

La mayor parte de la semana la dedicaba al trabajo y los fines de semana era casi que obligatorio para mí jugar al fútbol. Desde hacía dos años tenía una novia, a la que visitaba los sábados y los domingos por la noche. Ese compromiso fue demasiado inestable, porque un día me di cuenta de que en mis ausencias ella aprovechaba y atendía a otros galanes. El tiempo me alcanzaba para compartir con mi amigo Mauricio Gómez, con quien muchas veces jugaba a las cartas hasta altas horas de la noche, motivo por el cual me tenía que quedar durmiendo en su casa.

Un viernes, a eso de las 7:30 de la noche y al final de mi jornada laboral, me llamó un compañero que comenzaba el turno a las 8:00 p.m. para pedirme que le cubriera la espalda, con el compromiso de que él haría lo mismo conmigo al día siguiente.

No le vi ningún problema a ello y laboré ese día 16 horas continuas.

Al día siguiente llegué a mi casa, a eso de las 7:00 a.m. y me fui directo a la cama para recuperar fuerzas, pues no digo que para recuperar el sueño, porque las horas que no duermes ya no las recuperas jamás.

Muy plácido estaba en mis sueños, cuando a eso de las 8:30 a.m. escuché a todo volumen la radio y me desperté. Era mi hermana Margarita, que estaba disfrutando a todo taco la música. Le pedí el favor de que le bajara el ruido, pero hizo caso omiso de mi petición.

Al contrario, subió más el volumen.

Muy molesto, reaccioné tirándole una vieja chancleta, que le pegó en la cadera.

Ella dio un alarido, como si la hubiera golpeado con un bate de béisbol o cosa por el estilo. Claramente estaba exagerando.

Casi que al instante apareció mi madre.

Al ver cómo Margarita se quejaba y gemía, fingiendo un intenso dolor, mi mamá agarró un palo de escoba y comenzó a pegarme con él.

Se ensañó conmigo.

Me dio y me dio tanto palo, que cuando se cansó lo tiró a un lado y con sus uñas me desfiguró el rostro.

La paliza terminó. Mi hermana Margarita, sin que nuestra progenitora se diera cuenta, celebraba a rabiar el inclemente castigo que me habían dado.

Ya no me dio rabia su reacción.

Lo que sentí fue una profunda tristeza.

En mi interior pensaba: A la fecha tengo 24 años. Los aportes que hago para el sostenimiento de los gastos hogareños son fundamentales. Acabo de doblarme en un turno de trabajo y estoy rendido por la falta de sueño. Y de remate, mi mamá me pega injustamente semejante tunda…

La cosa era más dolorosa todavía, porque cuando mi padre regresó a la casa y le contaron todo, quiso rematarme.

Cómo habré quedado de mal que mi propio padre renunció a darme un castigo adicional.

Después de esto me fui directo para donde mi amigo Mauro. Le conté con todo detalle lo acontecido y le propuse que si me permitía irme a vivir a su casa, con el compromiso de que les pagaría por mi estadía.

Mauro fue solidario conmigo. Aceptó, llevado por la buena amistad que existía entre nosotros y en cuestión de horas recogí mis cosas y me instalé en aquel hogar.

Al comienzo mi estancia allí fue color de rosa… pero con el correr de los días aparecieron nubarrones.

A la pareja que tenía la seguí frecuentando, pero ya no la visitaba tanto en la casa, sino que íbamos al cine, a una heladería, a bailar… y obviamente pasó lo que tenía que pasar.

-Juan José, llamo para decirle que mi hija está embarazada y usted es el papá de esa criaturita que ella lleva en su barriga. Hágame el favor y responde…

Esa llamada de mi suegra la recibí una mañana del mes de enero de 1978.

Cómo olvidarla, por Dios!!!

Quedé tan impactado, que no le dije ni mú… y le colgué.

En medio del asombro por semejante revelación de mi suegra, me puse a reflexionar y comencé a hacerme a la idea de que debía responder por mi hijo. Aunque lo había decidido ya, no salí en busca de mi pareja, sino que esperé a ver qué pasaba.

En casa de Mauricio el amigable ambiente que disfrutaba también comenzó a tornarse amargo.

Cuando regresaba del trabajo acostumbraba ir directo al cuarto, para descansar un poco y esperar el llamado para la cena. Vaya sorpresa, el cuarto estaba vacío. Hasta la cama se la habían llevado.

Asombrado regresé a la sala y a los diez minutos me

pidieron que pasara al comedor.

Cuando iba haciendo ese recorrido, de la sala al comedor, miré hacia el cuarto de los padres de Mauro y noté que estaban acostados sobre mi juego de alcoba.

-Nosotros tomamos su cama, porque se van a hacer unas reformas y vamos a empezar por su habitación. Mientras tanto váyase a dormir al sofá -me dijo el papá de Mauricio.

Qué indignación, qué humillación, qué desfachatez...

Eso y mucho más sentí... pero me lo tragué todo, me aguanté "el varillazo", o "cabezazo", como solíamos decir cuando una persona abusaba descaradamente de otra.

Y, claro, como no reaccioné como debiera, expresando mi rabia y reclamando lo que era mío, sencillamente "me la montaron" y las humillaciones se volvieron el pan de cada día.

Hasta Mauricio, quien fuera mi amigo incondicional, fue cambiando su comportamiento conmigo.

Una de las cosas que obraba a mi favor es que estaba viviendo un muy buen momento en la empresa en la que trabajaba, me habían ascendido y me habían hecho un jugoso incremento salarial.

-Mijo, ¿cómo está?

-Bien, mamá. ¿Qué pasó?

-No, es que quería contarle que esa muchachita que es la mamá de su hijo, está viviendo con nosotros, porque el papá la echó de la casa.

Unos días después de ese llamado de mi madre, nació mi primer hijo. Era un 19 de julio de 1978. Por ser su papá, me apersoné de todo lo relacionado con su alumbramiento y luego lo instalé a él y a su madre en casa de mi mamá. Ella aceptó, quizás para desagraviarme o compensarme por la injusta paliza que me había dado unos meses atrás.

Todo esto obligaba a barajar y repartir de nuevo el manejo de mis ingresos.

De un lado, tenía que sostener a mi hijo, su madre y a mi familia, algo que me demandaba una parte significativa de mi salario.

Adicionalmente, seguía viviendo en casa de Mauricio, pero como ya no iba si no dos o tres veces a la semana, me vi en la obligación de rebajar mi cuota de sostenimiento.

Esa decisión desató en mi amigo un desmesurado enojo y malestar. Desde ese día solo esperaba que estuviera frente a él para echarme como a un perro a la calle.

Creí que ellos iban a ser conscientes de mi situación. Me equivoqué. No fueron para nada solidarios. Por eso, una mañana en la que mi exinseparable amigo no estaba en casa, recogí todas mis pertenencias.

Casi todas.

Los muy descarados no me permitieron recuperar mi dormitorio.

El hijo pródigo regresó a casa!!!

Así es. Consciente de mi nueva situación y con el beneplácito de mi familia, se organizó una alcoba para mi hijo y otra para su mamá y yo.

Dos meses después de ese retorno, salí como de costumbre hacia mi trabajo. En mi cabeza estaba madurando la idea de casarme con la mamá de mi hijo. Sin embargo, al llegar en las horas de la noche a casa ni el bebé ni su madre estaban ahí.

-*¿En dónde están ellos?* -pregunté un tanto alarmado.

-*La mamá se llevó al niño para presentárselo a sus padres. Ellos se encariñaron del bebé y la convencieron de que regresara a vivir en su casa.*

Otro golpe para mi corazón. Otra gran tristeza y dolor, porque me había encariñado con mi hijo y me hacía falta su presencia.

Un mes después, un tío de mi hijo llegó a mi casa gritando.

-*Oíste, Juan José, ¿vos cómo es que vas a responder por mi hermana y tu hijo.*

-*Dígale a esa sinvergüenza que lo sostenga ese con el que está saliendo.*

Mi excuñado salió con la cola entre las piernas. Para ese momento prácticamente ya era de dominio público que la mamá de mi hijo estaba saliendo con un vecino que era casado.

Me negué a llegar a un acuerdo por cuota alimentaria y la consecuencia de ello fue que embargaron mi salario.

Ese tema me irritaba, pero no me quitaba el entusiasmo que necesitaba para seguir progresando en la empresa. Al contrario, una de las primeras cosas que hice fue especializarme en el tema de los controles eléctricos.

-*Juan José, entre. Dígame una cosa: ¿Usted se va a quedar sin el certificado del Sena?* -me preguntó una tarde mi jefe.

-*Cómo se le ocurre don Iván. Esa es una de las cosas que más deseo. Lo que pasa es que con el horario que tengo, se me hace muy difícil lograrlo.*

-No se diga más. Tranquilo que yo le colaboro con el horario que necesite.

Comencé a hacer todas las gestiones para entrar al Sena y don Iván cumplió su palabra. Se verificó que cumplía los requisitos, presenté el examen de admisión, el cual no tuve problemas en pasar, e inicié mi formación en complementación en Electricidad

En diciembre de 1980 obtuve mi Certificado de Aptitud Profesional de esa institución. Mi jefe se enteró de ese logro y me ascendió al cargo de técnico electricista encargado de la sección de hilados.

Esa fue una de mis grandes conquistas laborales, sobre todo al considerar mis avances en el tema de los automatismos eléctricos.

Los triunfos llegaban uno tras otro. Gozaba de un gran reconocimiento y de un excelente ambiente laboral. Quizás por ello, me atemorizaba la idea de tenerme que ir a trabajar a otra empresa, por el hecho de tener ese embargo por alimentos.

Los tropiezos que tuve con la mamá de mi hijo no me quitaron las ganas de seguir amando. A los 27 años formalicé una relación con una dama, pero solo duró ocho meses. Cuando ella se enteró de lo que me disminuían del salario por cuota alimentaria, me despachó sin ninguna explicación.

No fue la única. Esa misma decisión tomó otra joven que rompió nuestra relación en forma temprana.

En su momento eso me dolió.

Hoy puedo comprender que era necesario que esas mujeres siguieran de largo, para dejarle ese sagrado espacio de la pareja reservado a la mujer de mis sueños.

La conocí en agosto de 1982. Y el sentimiento fue tan intenso, que desde el primer momento supe que sería mi compañera de vida.

Con ella exorcicé el gran miedo que tenía.

Cuando la relación se fue consolidando y gozábamos de mutua confianza, le relaté todo lo relacionado con mi hijo, la evolución de la relación con su madre y el embargo de mi salario. También le expuse mi deseo de buscar empleo en otra empresa.

Ella no se decepcionó con todo mi relato, pero sí alcanzó a inquietarse bastante.

Al final, me dijo que lo comprendía todo. Me brindó todo su apoyo y juntos acordamos la fecha en la que me retiraría de la factoría.

La carta de renuncia a Textiles Rionegro la pasé a finales de 1982 y se hizo efectiva el 23 de enero de 1983.

A mi jefe, Iván Moncada, esa renuncia le casó gran pesar.

Sin embargo, como un gran ser humano que era, entendió mis razones, aceptó mi renuncia, me dio un abrazo de despedida y me deseó mucha suerte.

Capítulo VIII

Tiempos difíciles

Angustiado e intranquilo.

Así me sentí cuando terminé mi vínculo laboral con Coltejer. Es que me quedé sin empleo y, previamente, no me había asegurado en otro lado. Como quien dice, me tiré del avión… y sin paracaídas.

El primer golpe no lo recibí yo.

Cuando la madre de mi hijo se enteró de mi renuncia estalló en cólera.

-A ese desgraciado, vaya a donde vaya, lo voy a emplazar de nuevo. Volveré a embargarlo las veces que sea y de la liquidación me tienen que dar mi parte -expresó la mujer, que más bien parecía una fiera.

Aunque no era la forma de reclamarlo, la verdad es que a ella, en virtud del embargo, le tocaba la cuarta parte de lo que recibí como liquidación. La empresa me dio el paz y salvo respectivo e hice el reparto de mis ingresos, considerando esa obligación que tenía con mi hijo.

Separé lo que consideré que me alcanzaría para cubrir unos tres meses de mis necesidades como desempleado y el resto de la plata la puse a salvo de mis antojos en una entidad financiera, por un período fijo de un año.

Fui previsivo, pero la vida me tenía reservadas otras sorpresas.

En mi casa la situación se puso demasiado difícil. Yo entré a formar parte de un club de desocupados, del que ya eran miembros mi papá, Armando, y mi primo Roberto, quien se había casado con mi hermana Dora Estella. O sea que por ese lado, el aporte al sostenimiento del hogar se vio muy resentido.

El único que en ese momento tenía ingresos era mi hermano Marcos. Él vendía mercancías, como ropa, zapatos y demás enseres. Sin embargo, no le entregaba ni un peso a mi mamá, para sustentar los gastos hogareños. Ah, pero eso sí, se beneficiaba como si nada de lo que los demás aportábamos.

En esas circunstancias, reclamé lo que me parecía justo, porque no estaba dispuesto a cargar sobre mis hombros con las responsabilidades que eran de todos.

A nadie le gusta que lo saquen de su zona de confort.

Marcos no fue la excepción.

Primero lo confronté y lo invité a que fuera más solidario y metiera el hombro como el resto de la familia.

Hummm, qué le he dicho. Como respuesta, en actitud desafiante sacó de sus bolsillos un fajo de billetes, de alta denominación…

Me los puso en la cara…

Y me dijo…

-¿Sí ve que tengo dinero? Pero resulta que no me da la puta gana de colaborar con los gastos de la casa.

Yo, que ya me estaba cansando de ser humillado de tantas maneras, sentí que la sangre pasó de normal a punto de ebullición en una fracción de segundos.

No solo me acaloré.

También nos agredimos mutuamente.

Pero todo fue inútil.

Aunque éramos diez personas en la casa, yo fui el único que asumió las obligaciones.

La plata que tenía planeada como colchón de seguridad para tres meses se fue agotando tan rápidamente, que en cuestión de mes y medio ya no me quedaba un solo centavo de mis ahorros.

Lo único que se escapó fue el dinero depositado a término fijo, porque creía que no podía disponer de esa suma hasta el final del período pactado. Claro que sí podía hacerlo, pero con ello hubiera tenido que castigar parte de los intereses que me iba a pagar la entidad financiera al final del año.

La supervivencia llegó a un punto crítico.

Prueba de ello, es que en varias ocasiones pasamos el día sin probar un bocado de comida.

Mi novia, conocedora de esta situación, me daba unos cuantos pesos cuando la visitaba, para que me solventara, según ella, dizque los pasajes.

Un día regresé a casa con el estómago vacío.

O, mejor será decir, lleno de puras ganas de comer.

Eran como las diez de la noche y pasé por donde doña Eumelia. Ella era una vecina de la cuadra que los fines de semana solía vender unas exquisitas empanadas.

Paré, la saludé y le compré unas cuantas empanadas, que ella me empacó con mucho cariño en una bolsa de papel.

Cuando entré a la casa, vi que todos mis familiares estaban dormidos.

Me moví con mucho cuidado, para no despertarlos, y puse el paquete en una mesita, cerca de mi cuarto.

Me fui a la cocina, puse al fuego un poco de café y esperé allí hasta que lograra la temperatura ideal para mí.

Me serví el café negro en un pocillo y salí a buscar la que había visualizado como mi cena de esa noche.

Vaya. No estaba sobre la mesita.

Busqué por todas partes… y nada.

No sé si por intuición, o qué, me dirigí a la terraza.

La escena que vi me produjo sentimientos muy, pero muy encontrados.

Una perra, que teníamos como mascota, se estaba devorando con gran deleite todas y cada una de las empanadas.

Qué frustración tan bárbara.

Mi estómago, que a esa hora silbaba del hambre, tuvo que conformarse con la taza de café negro.

Semanas después de este incidente, del que por

supuesto no culpo a nuestra perra, recibimos una de las esporádicas visitas de mi tío Ambrosio.

Su propósito era llegar a un acuerdo con mi padre, para que este último le realizara las instalaciones eléctricas en una obra en la que él era contratista.

Con lo "jodido" que era el tío Ambrosio, y conociendo al detalle la apretada situación en la que estábamos, nada raro que le haya hecho a mi padre una propuesta miserable. O, digamos indecorosa, para no herir susceptibilidades.

Él creía que mi papá le iba a decir de inmediato que sí a todo lo que le propusiera.

Se equivocó.

Los dos se enfrascaron en una disputa y no lograron ningún acuerdo, básicamente por la mezquindad del hermano de mi madre.

Cuando Ambrosio se disponía a salir de mi casa, aparecí en escena.

Los dos me miraron y, como leyéndose el pensamiento, se acercaron a mí.

-*Vea, Suso (así le decíamos cariñosamente a Ambrosio). Ahí está la solución. Juan le hace ese trabajo* -le comentó mi papá.

El tío como que no se lo creía. Quizás porque la imagen que tenía de mí estaba desactualizada, pues se había quedado congelado en la época en que fui su ayudante. Él no sabía que, para ese momento, yo ya me desempeñaba con solvencia en otra profesión.

-¿Juan, usted sí está en condiciones de hacerme ese trabajo? -me preguntó Suso.

-Claro que sí, tío. Yo estoy calificado para eso y no tengo ningún impedimento -le respondí, luego de conocer los detalles de las labores que debía realizar.

Como inexperto que era en asuntos de contratación, y llevado por física necesidad, acepté la propuesta de Ambrosio.

El arreglo que hice fue, no malo, sino totalmente perverso.

De eso me di cuenta a medida que la obra avanzaba y recibía mi remuneración.

El dinero no me alcanzaba ni siquiera para pagar los pasajes.

Yo no sé si al tacaño de mi tío le remordió en algo la consciencia, pero lo cierto es que, para compensarme por la "tumbada" que me pegó, un día me obsequió un par de zapatos de mala calidad.

Cuando cumplimos con el contrato comprobé, con mis propios ojos, que Ambrosio se había embolsillado unas jugosas ganancias.

Un fin de semana estaba paseando por el centro de Medellín, pasé por un salón de billares y distinguí la figura de Suso.

Estaba en una típica actitud de magnate.

Le acompañaba una de las meseras, que le coqueteaba y lo hacía sentir como el hombre más deseado de la tierra.

Tenía entre sus gruesos labios un tabaco y los pies sobre la mesa, como diciéndole al mundo "aquí mando yo" o, como era usual expresar en esos tiempos "yo soy la vaca que más caga".

Con aire de hombre importante, y a la vez arrogante, les pagaba a sus trabajadores que habían formado una fila ante él.

Ni se imaginan lo que sentí al ver ese cuadro.

La escasez era una constante en nuestra casa. Mientras faltaba el mercado, abundaban las cuentas por pagar, especialmente la de los servicios públicos. Por eso nos quedamos a oscuras más de una vez, pero mi papá, como electricista que era, nos reconectaba clandestinamente, o de contrabando que dicen.

Entre mis rituales de todos los días estaba devorarme los periódicos buscando oportunidades de empleo. Cuando una captaba mi atención, de inmediato mandaba la hoja de vida para tratar de estar entre los primeros interesados. En algunas oportunidades me contactaban, me citaban a entrevista y me ofrecían un salario que estaba por debajo de mis expectativas.

Una tarde, de marzo de 1983, llegué a casa y mi papá me pidió que lo acompañara al día siguiente a la oficina de unos ingenieros. Ellos estaban a la expectativa de un buen acuerdo, para realizar las instalaciones eléctricas de una empresa editorial, situada en el municipio de Envigado.

Los profesionales me entrevistaron y quedaron muy satisfechos con mi perfil y capacidades técnicas. Como primera opción, me dijeron que sería el oficial encargado del montaje eléctrico de una prensa rotativa. Pero eso no podía ser de inmediato, porque tocaba esperar a que las obras civiles avanzaran.

De esa reunión salí lleno de ilusiones.

Es que, como máximo, la espera sería de un mes y la oferta económica era atractiva y se acercaba al salario que soñaba.

El tiempo pasaba… y nada.

Mientras tanto, las necesidades en mi casa no daban tregua.

Se cumplieron los 30 días que me habían dicho… y nada que me llamaban.

Entonces me dio por comunicarme con uno de los ingenieros que me habían hecho el ofrecimiento de empleo y de los que no había vuelto a tener noticias.

-Señor, Juan. Lo lamentamos. La licitación se la adjudicaron a una empresa llamada "Proyectos Eléctricos", de propiedad del ingeniero Luciano Márquez.

Esa noticia me produjo un sinsabor, un desencanto, que tampoco fue lo suficientemente suficiente como para ahogar mis esperanzas.

¡Cómo me iba a entregar, si al ingeniero Márquez yo lo conocía!

Lo ubiqué, fui directamente a su oficina y me atendió de muy buena manera. Al igual que los otros ingenieros, me aseguró que por mis capacidades sería la persona idónea para el proyecto. Me pidió que le entregara una hoja de vida y me advirtió algo que para entonces ya sabía muy bien: Teníamos qué esperar a que la construcción avanzara y llegara el momento del montaje de la rotativa o impresora de periódicos.

Siguiendo sus instrucciones, al día siguiente le llevé personalmente mi hoja de vida y se la entregué con la convicción, muy profunda, de que, al fin, esa iba a ser mi gran oportunidad.

Semejante posibilidad me puso un tanto ansioso. Eso me resultaba normal, porque con ese trabajo podíamos espantar la miseria que nos estaba agobiando como familia.

Por esos mismos días mi padre me citó a una cafetería, cerca de nuestra casa. Tomándonos un refresco me anunció que estuvo a punto de sellar un acuerdo, para realizar el montaje eléctrico en un edificio del barrio Laureles, pero que, por una escasa diferencia, al final no se dieron las cosas. Como la brecha entre lo que pidió y le ofrecieron fue tan poquita, me instó a que los buscara y les hiciera mi propia oferta.

Le prometí que así lo haría al día siguiente, cuando madrugué para ir a buscar al constructor. No se necesitaron muchas palabras para sellar el acuerdo.

Por fin!!!

Después de cuatro meses de estar de aquí para allá buscando generar ingresos, pude recibir una remuneración que agradecí desde el fondo de mi alma.

Una parte de lo recibido se fue en el pago de mis trabajadores, que no eran otros que mi hermano Javier y el primo Roberto. Enterada de las buenas nuevas, mi hermana Margarita puso a calentar agua en una olla, mientras mi mamá y yo íbamos a la tienda más cercana para comprar una buena cantidad de víveres.

Compramos tantas cosas, que hacía mucho tiempo no se veía en la casa un mercado semejante. Lo extravagante y ofensivo era que mi hermano Marcos, pese a los robustos ingresos que le reportaba la venta de mercancías, continuaba sin aflojar un solo céntimo.

Pero, como bien dicen por ahí, cuando Dios no baja en persona para darnos una mano, manda a uno de sus angelitos como emisario.

Dos semanas más tarde, a finales de mayo, recibí la llamada del ingeniero René Montoya, mi exsalvador en Coltejer, quien se había retirado de la organización para crear su propia empresa.

-Quiero que te vengas a trabajar conmigo a Panamá, en el montaje de una subestación eléctrica -me comentó con gran entusiasmo.

Evidentemente era una atractiva oferta.

La acepté y de inmediato me consagré a la tarea de gestionar toda la documentación que requería, empezando por el pasaporte que en esa época se demoraba unos cuatro días.

Como el tiempo apremiaba, le corrí a todos esos trámites. Un día antes de la entrega del pasaporte, recibí una llamada directamente de la casa editorial que estaba construyendo su domicilio principal en Envigado, Antioquia.

Era algo totalmente inesperado, Me estaban citando a una entrevista, que se desarrollaría en la sede del centro de la ciudad.

En un primer momento eso me causó mucha extrañeza, porque yo le estaba apuntando a colaborar en el montaje de la máquina impresora del periódico, algo que esperaba se hiciera realidad a través de la oficina del señor Luciano Márquez.

Luego até un par de cabos…

En la casa editorial trabajaba un hermano de Luciano, de nombre Serafín Márquez, quien se desempeñaba como Jefe de Soporte Técnico. Al recordar ese nexo, me dije a mí mismo que no era descabellado considerar un enganche directo con la editorial.

Ese mismo día, pero en las horas de la tarde, había quedado de reunirme con el ingeniero René, para entregarle todos los papeles para mi viaje a Panamá.

Lo primero que hice fue acudir al llamado del señor Serafín. Como los ingenieros no se andan con rodeos, me ofreció trabajar directamente en el medio periodístico, con un emolumento tan atractivo que no podía dejar escapar.

No tuve que sacar cuentas sofisticadas o complejas en mi cabeza. A la legua se notaba que me iba a ganar un salario muy superior al que recibía en Textiles Rionegro. Con un apretón de manos agradecí el ingreso a esa compañía y salí muy comprometido en reunir todos los papeles que me exigían. Estaba emocionado de pertenecer a una empresa en la que empleados y patronos parecían formar una sola familia.

Mi estado de felicidad tampoco me desconectó de la realidad. Tenía muy presente que, esa misma tarde, había quedado de reunirme con el ingeniero René para informarle de mi cambio de planes.

Le rogué al Creador que me colmara de sabiduría, para discernir cuál de las dos opciones profesionales era mejor para mí.

Me tuve que armar de coraje para plantarme frente al ingeniero René.

-Juan, usted se está demorando demasiado. Necesitamos urgentemente sus documentos, porque ya compramos los tiquetes aéreos -me dijo en tono amable, pero firme, a los pocos segundos de haber ingresado a su oficina.

-Me muero de la pena, doctor, pero ocurrió algo que no esperaba. Imagínese que me hicieron otra oferta de empleo.

René se transformó.

Su rostro se enrojeció.

Me pareció que iba a estallar en un ataque de cólera, pero, no lo hizo.

Se quedó un momento en silencio y logró con ello mantener la calma.

-¿Y a qué empresa te vas a vincular?

Cuando le mencioné el nombre de la compañía, se relajó y adoptó una actitud más comprensiva.

-Hombre, Juan. Yo no voy a ser egoísta. Es mejor que te vayas para esa empresa. Mi problema ahora es saber a quién le encargo esa responsabilidad de las obras en Panamá. Necesito a una persona con tus mismas características.

-Lo comprendo, doctor René -le respondí un poco apenado, porque se trataba de una persona que me había ayudado mucho en la parte laboral.

A mi mente vino el nombre de un conocido al que podía recomendar para ese trabajo en Panamá. Para el doctor René también era una persona familiar. La ubicamos, se le hizo el ofrecimiento y este profesional aceptó el trabajo en el vecino país.

Ese plan B disipó la tensión reinante durante buena parte de nuestra charla. Mi exjefe me deseó muy buena suerte y se despidió de manera afectuosa.

Yo me fui feliz y de inmediato llamé a mi novia para darle las buenas nuevas. Tan dichosos nos pusimos, que inclusive consideramos la posibilidad de contraer matrimonio.

Como en esos días había estado muy activo reuniendo los papeles que exigían para los procesos de contratación, ya tenía adelantada una parte de los trámites para vincularme a mi nueva empresa. Los llevé y me fijaron la fecha para el inicio de mis labores.

Cuando tuve un poco de cabeza fría, pensé en hallarle solución a algo que me atormentaba: ¿Qué voy a hacer con la mamá de mi hijo? Ella estaba a la expectativa, como una piraña, para ver en dónde me empleaba y de inmediato caerme con una demanda por alimentos.

No tardé mucho en vislumbrar una buena solución.

Lo primero que hice fue darle a entender a la mujer que de ahora en adelante iba a trabajar en forma independiente, una mentira piadosa con la que evitaba que confiscara mis ingresos laborales.

Aun así, le garanticé que, de ahí en adelante, le iba a seguir entregando la misma cuota que le daba cuando yo trabajaba en Textiles Rionegro.

Como la madre de mi hijo llevaba unos cinco meses sin recibir de parte mía un auxilio económico, miró con buenos ojos esa propuesta.

Antes de que se arrepintiera nos dirigimos a un juzgado de menores y avalamos con nuestras firmas el acuerdo que tenía todas las formalidades y dos condiciones que adquirían un cierto carácter religioso: Que yo cumpliría el pacto y cada año aumentaría el monto de la cuota acordada.

Uffff, sentí un secreto alivio en mi alma cuando esta mujer estampó su firma en el documento.

De alguna manera, este era un triunfo con un saborcito a revancha.

Terminado el acto, salimos del juzgado y cogimos caminos diferentes, como si fuéramos un par de extraños.

Capítulo IX

Infierno laboral

Lo recuerdo como si apenas lo estuviera viviendo: El 10 de junio de 1983 empecé otro ciclo de mi vida laboral en una nueva compañía.

La fecha es inolvidable por varios motivos.

Primero, porque aquella era la empresa número uno en su género en Antioquia y estaba en el ranking de las cinco más poderosas, respetadas e influyentes a nivel nacional, con un nivel de reconocimiento que también llegaba a las esferas internacionales.

Segundo, porque profesionalmente significaba un ascenso en mi carrera, en una organización que no solo cumplía, sino que superaba, las garantías y beneficios laborales que un patrono debía darles a sus empleados.

Tercero, porque todo apuntaba a que mi calidad de vida sería mucho mejor, en razón de los importantes ingresos laborales que ahora tendría.

Y, cuarto, porque me había liberado de esa tortura que representaba tener embargado el salario por las demandas presentadas por la madre de mi hijo.

Puntual y recargado de ilusiones me presenté a las oficinas del Departamento Técnico. Mi nuevo jefe, Serafín Márquez, me dio el saludo de bienvenida, me describió cada una de mis funciones e hizo llamar a uno de mis nuevos compañeros, Tulio Édgar Gamarra. Su misión, era realizarme el proceso de inducción y mostrarme la parte técnica general de la empresa.

Guiado por mi compañero fuimos al taller de mantenimiento, que era algo así como nuestra base de operaciones. Si esto les suena un tanto bélico, acertaron. Créanle a sus corazonadas.

A los diez minutos hicimos el primer reconocimiento y pasamos por todas las dependencias de la empresa. Nos tomamos un refrigerio en la cafetería y nos regresamos para el taller.

Era mi primer día de labores, les recuerdo.

Como a la media hora pidieron un servicio técnico desde la sección de producción, porque una de las máquinas presentaba fallas. Lo normal hubiera sido que mi colega se pusiera al frente de ese requerimiento y me hubiera pedido que lo acompañara, como lo había ordenado mi superior, pero él hizo caso omiso, salió disparado del taller y no pude alcanzarlo. Al ver su actitud, no me quedó de otra que atender el llamado.

Tulio Édgar regresó dos horas después… como si nada hubiera pasado. Eso me dio mala espina y para evitar que el ambiente se enrareciera más opté por no hacerle ningún comentario a mi jefe.

Después del almuerzo, en el restaurante de la misma compañía, como a eso de las dos de la tarde apareció Rigoberto Montes, otro compañero de trabajo de la misma sección. Me saludó, de una manera muy amable y eso me generó confianza. Entonces le comenté lo que había sucedido en las horas de la mañana.

-Vea, Juan José, tenga mucho cuidado con Gamarra. Desde el momento en que se enteró de que a usted lo iban a vincular como nuevo técnico, dijo que él no estaba para nada de acuerdo. Y advirtió: Déjenlo que llegue. Yo de mi parte no le voy a colaborar en lo absoluto. Ah, pero eso sí, le voy a hacer la vida imposible hasta que se aburra y se vaya. O también, por qué no, hasta que lo despidan -me advirtió Rigoberto, quien para mayor discreción me había llevado hasta la cafetería para hacerme esa revelación.

Estas palabras me afectaron bastante y fueron el anuncio de que mi nuevo trabajo se podría convertir en una pesadilla.

Rigoberto también me contó de la discusión de dos jefes de la empresa, uno de los cuales era mi superior jerárquico. A la hora de definir el ingreso de un nuevo técnico, Luciano se inclinó por mi persona, mientras que el señor Serafín prefería a otro técnico llamado Nicolas Pérez.

Yo, Juan José Román, fui el elegido, por tener mejor perfil.

Ese antecedente tampoco me cayó para nada bien…

Era como si el destino hubiera jugado conmigo. Desde que puse los pies en esa compañía, percibí que iba a ser una experiencia llena de tropiezos, zancadillas y eventos desagradables.

¿Pero por qué yo?

Esa pregunta me la formulé varias veces…

Pero tampoco me puse a buscar las respuestas, porque mi mente me envió un mensaje muy claro que convertí en una especie de dogma: Yo tenía necesidad de ese empleo.

Por ello, me obligué a mí mismo a soportar al compañero que no me quería colaborar y quien, como si eso no le bastara, aprovechaba el más mínimo error que yo tuviera para descalificarme profesionalmente.

Siguiendo una tradición, muy altruista por demás, cada noviembre mi empresa organizaba un evento ciclístico. Era toda una fiesta institucional y la premiación se hacía en el auditorio de la misma organización.

En la versión de la clásica ciclística de 1983 me incluyeron en el equipo encargado de la logística. Mi jefe del Departamento Técnico le ordenó a Tulio Édgar que me diera las instrucciones para manejar el sonido del evento de cierre.

Atento recibí todas y cada una de sus instrucciones y recomendaciones.

Me entregué a ello y, cinco minutos antes de que los maestros de ceremonia realizaran el saludo protocolario, comprobé que todo estaba en orden.

Se hizo un silencio en el auditorio, para que los presentadores comenzaran, pero ellos se sumaron al silencio, porque sus palabras no se amplificaron.

Diablos, el micrófono no funcionaba.

Todas las miradas se dirigieron hacia mí.

Y cuando digo todas, son todas las miradas, desde las de mis compañeros del área técnica, hasta las de los directivos, personalidades y público en general, pues el uniforme me delataba y me ponía ante todos como el responsable de esa falla.

Apenado a más no poder, y con un poco de temblor en las piernas, me acerqué al micrófono.

Lo revisé… y estaba averiado.

De inmediato corrí a buscar uno nuevo.

Pero la empresa no tenía micrófonos de repuesto.

Más por instinto que por creatividad, volví al escenario.

Le di varios golpes al micrófono, como cuando le das cachetadas a una persona que se ha desmayado y deseas que abra los ojos y disipe tu angustia.

Qué alivio… el bendito micrófono funcionó!!!

El resto de la premiación fue sin novedades técnicas. Sin embargo, a los días me hicieron saber que Gamarra había cambiado el transmisor de sonido.

Hombre, si uno tiene ese ambiente en el trabajo, por lo menos se merece que en la casa se reconforte y encuentre algo parecido a un Paraíso. O, por lo menos, un remanso de paz.

En mi caso no era así. Armando, mi padre, me hacía la vida imposible y sin ningún motivo que lo justificara. Con insultos me pedía que me largara. Eso no era gratuito. En varias ocasiones yo lo había confrontado, porque descuidó sus obligaciones como padre y esposo, por darle prioridad a una relación clandestina que tenía desde hacía varios años.

Yo estaba en medio de esos dos antros, el laboral y el hogareño. Una vez superé el período de prueba en la nueva empresa, le propuse matrimonio a mi novia.

Yo no veía la hora de salir de mi casa y mi novia me ayudó a concretar ese deseo: Me dijo, sí, casémonos.

En la empresa pasé el período de prueba y un mes después tuvimos un hecho luctuoso en nuestra familia. Mi hermano Javier murió en un accidente laboral, durante la construcción del Aeropuerto Internacional José María Córdova, de Rionegro, Antioquia. Su deceso nos produjo gran tristeza. Era un joven muy apreciado por sus parientes. Y apenas había vivido 23 años.

Yo fui el encargado de realizar las diligencias en el centro de salud de Rionegro y también me ocupé de los diversos trámites para sus exequias. Siguiendo una tradición que aún sobrevive, realizamos la novena de los difuntos. A la última de ellas asistió un gran número de amigos y familiares. Dentro de estos últimos estaba la madre de mi hijo.

La novena finalizó y los asistentes comenzaron a despedirse. Yo también lo hice y cuando me disponía a acompañar a mi prometida hasta su casa, sentí que alguien me tomó por la espalda y me citó a un lugar aparte.

Era la progenitora de mi Junior.

-¿Ahora qué pasa? -le pregunté al notar en su rostro que estaba furiosa.

-Ya sé en dónde estás trabajando. Ahora verás cómo, de nuevo, te voy a amargar la vida.

-Bien pueda y haga lo que quiera -le respondí, muy consciente de que ya habíamos firmado un acuerdo un juez, el cual estaba cumpliendo a cabalidad. Al observar que no había logrado su cometido de intimidarme, la madre de mi hijo salió despavorida.

Y la guerra que ella me avisó, efectivamente intentó librarla en mi contra.

Al día siguiente, ella se madrugó y arribó a las instalaciones de la empresa en que yo laboraba. Se presentó, dijo a qué iba y pidió que la llevaran ante la Jefe de Personal. Una vez allí, expresó su deseo de que me embargaran el salario.

La atendieron respetuosamente y le pidieron que, para proceder de esa manera, se requería la orden de un juez de menores.

Empeñada como estaba en no dar su brazo a torcer, se dirigió a un juzgado competente. Una funcionaria de archivo revisó unas carpetas y luego le dijo que ya existía un acta, en la que el padre de su hijo, o sea yo, me había comprometido a suministrar lo necesario para su sostenimiento.

Y, además, le recordaron dos detalles. Uno, que ella, con su firma y huella digital, había avalado dicho acuerdo. Y, dos, como ella misma lo sabía, el señor estaba cumpliendo estrictamente el convenio.

La conclusión era obvia: Por todo lo anterior, el señor padre de su hijo está exento de embargabilidad.

Para qué voy a decir mentiras. Cuando me enteré de todos esos detalles, sentí un gran regocijo. Es más, la busqué y aproveché para manifestarle que en juego largo hay desquite. Dicho de otra manera: Esa había sido mi revancha.

Despejado ese molesto asunto, fijamos la fecha de mi boda para el 7 de enero de 1984 y, con gran ilusión, comenzamos los preparativos.

Por este lado estaba el sueño.

En la empresa, continuaba la pesadilla.

Las cosas se ponían cada vez más complicadas, por cuenta de un sinnúmero de enfrentamientos con Gamarra y una explosión de intrigas.

El tipo era perverso. Cuando yo le hacía alguna intervención a un equipo, mi colega, en forma alevosa y sin que nadie se percatara, lo dañaba y lo dejaba peor.

Luego se iba para donde mi jefe y me denunciaba como el causante de fallas de mayor magnitud.

Eso ocurrió tantas veces, que el señor Serafín comenzó a dudar de mis capacidades. En un momento dado llegó a decirme que yo no era la persona idónea para trabajar en la parte técnica y que estaba pensando en reubicarme en otra área. No solo lo pensó. Fue más allá y me buscó reemplazo. El opcionado era Nicolás Pérez, pero este ya estaba al frente del montaje de la nueva rotativa en Envigado.

Al final engancharon a un técnico, de nombre Jimy Salas, quien primero llegó como contratista para realizar unas reformas eléctricas. Mi superior, Serafín, le propuso que formara parte de nuestro equipo, a lo que él respondió afirmativamente.

¿Ese será mi reemplazo?, me pregunté un par de veces cuando se oficializó su vinculación.

Para mí era normal pensar eso, porque para colmo de males Salas y Gamarra entablaron una relación muy cercana. *Los burros viejos se buscan*, dice el refrán. Y, en este caso, a ambos les encantaba el licor y se asemejaban en su forma de ser. Así lo comprobé en algunas oportunidades cuando hice las veces de ayudante de Salas, quien parecía no cansarse de humillarme.

Estando en mis labores sucedió que una noche me llamaron de recepción y me notificaron que un particular solicitaba mi presencia.

Al acudir al sitio, oh sorpresa. Allí estaba quien tiempos atrás fuera mi novia, excelentemente lúcida y con actitud cariñosa, proponiéndome que nos reconciliáramos.

Tomando las cosas con calma le di a entender que había pasado ya un buen tiempo, que estaba en una relación y con planes de matrimonio. En su rostro pude detectar un gesto de desilusión y sin mediar más palabras se despidió, al tiempo que me deseó buena suerte. Teniendo en cuenta que durante nuestra relación al final fue negligente por la situación que vivía, no obstante lo tomé como otro desquite.

El 7 de enero de 1984 llegó y contraje matrimonio con el amor de mi vida. Fue una ceremonia muy sencilla, a la que concurrieron familiares y los amigos más cercanos.

La boda significó para mi un acto de liberación.

Vivía muy desencantado por el hecho de que en casa no valoraran lo que hacía para el sostenimiento de todos. Con mis hermanos, Marcos y Margarita, vivía enfrascado en constantes discusiones. Con mi padre, Armando, la cosa era más crítica, porque como durante muchos años centró toda su atención en otra mujer, yo sentía que mi deber era estar al lado de mi madre, defendiéndola a más no poder.

Después de casado no los abandoné. De mutuo acuerdo con mi adorada esposa, seguí cooperando con dinero para el sostenimiento de mi madre y el resto de consanguíneos en primer grado.

Siento que haberme puesto en paz en ese aspecto de mi vida, contribuyó a elevar la energía y capacidad que requería para enfrentar otras dificultades que aún me rondaban.

A medida que me iba adaptando a mi trabajo, percibía que se aminoraba ese entorno tan hostil que me llevaba a visualizarme como una víctima.

La empresa avanzaba en la construcción de una nueva sede central en el sur de la ciudad, y con regularidad me enviaban allí para que me fuera familiarizando con el sistema técnico de una sofisticada y hermosa rotativa.

¡Vaya que era enorme esa máquina!

Tenía una longitud cercana a los 60 metros. De alto era equivalente a un edificio de tres pisos. Contaba además con un innovador sistema de transporte de los ejemplares impresos, que se complementaba con aparatos de empaque en la sección de despachos.

En ese espacio conocí al señor Nicolás Pérez.

En principio se mostró muy afable y receptivo. Intercambiamos conceptos técnicos y claramente en los suyos se notaba el hecho de que ya estaba más acoplado al sistema. Al fin y al cabo siempre fue asesorado y apoyado por el ingeniero Luciano, los profesionales fabricantes de la maquinaria y el jefe de la sección, Julián Vergara.

Cuando las obras terminaron, a Pérez lo vincularon a la compañía y le encomendaron la parte eléctrica de la nueva impresora. Mis visitas a estas instalaciones alternas continuaron y eso me obligaba a contactarme con el jefe de la sección, el señor Vergara, quien ya tenía una idea de mi potencial desde el punto de vista profesional.

Una noche de domingo Nicolás Pérez sacó su descanso y me encomendaron que fuera su reemplazo. La rotativa presentó una falla y el reporte se lo dieron directamente al ingeniero Luciano, quien luego me puso al tanto del asunto. De inmediato me hice cargo de lo que pintaba como un daño y riesgo considerable, pues comprometía la tirada o impresión de los periódicos.

Sentí un poco de nervios, es la verdad. Pero se impusieron mi sentido de la responsabilidad y mi capacidad para resolver problemas. Hice muchas pruebas y concluí que el origen de todo estaba en un elemento de control. Pasó una hora y al cabo de la misma llegó el ingeniero para consultarme sobre mi diagnóstico

-Doctor, todo apunta a que la falla está en un relevo que tengo identificado.

-Juan, entonces proceda -me ordenó el ingeniero.

Me fui, busqué el repuesto, cambié la pieza defectuosa y dimos la orden de volver a encender el monstruoso aparato.

La máquina arrancó y funcionó a la perfección.

Ese turno dominical, y esa prueba, significaron un primer triunfo en lo profesional, pues Márquez no paraba de felicitarme con gran efusividad.

Superada la emergencia, me puse a revisar internamente la pieza averiada y noté que la falla había sido ocasionada de manera intencional.

Un solo personaje vino a mi mente como presunto responsable.

Sí. Pérez era el único que intervenía la parte eléctrica y era el responsable de esa imperfección. Supuse que por su mente había pasado una idea de este tipo: Como soy el único en ejecutar estas tareas, si se presenta un fallo de ese calibre tendrán que llamarme y con ello valorizo más mis servicios y la remuneración que recibo por contrato.

Eso pensaba yo... y si él había realizado ese cálculo, pues simplemente le resultó erróneo.

Otro efecto saludable de esta experiencia fue que el señor Serafín empezó a cambiar su actitud frente a mí. Paralelamente, como debía seguir frecuentando las instalaciones de la sede principal, se estrecharon mis lazos con el jefe de la prensa, Julián Vergara, y paulatinamente me fui ganando su confianza.

También comencé a notar que, de manera súbita, Nicolas había comenzado a caer en desgracia con el señor Vergara.

El punto crítico se presentó cuando el técnico llegó a laborar en avanzado estado de embriaguez. El superior tuvo una fuerte reacción y tomó la decisión de solicitar su traslado. Para hacerlo efectivo era necesario el visto bueno de Serafín Márquez, coordinador del área de soporte, quien aceptó y recomendó para esa vacante a Gamarra. Argumentó que el cargo tenía una gran responsabilidad y que su candidato era el más capaz para desempeñarlo.

Julián rechazó la propuesta, porque sabía muy bien la clase de persona que era Tulio Édgar, y sugirió que para atender esas funciones fuera nombrado Juan José Román.

Al final se pusieron de acuerdo y me notificaron la novedad.

Al principio no acepté de muy buena gana. Sin embargo, quién creyera que ese fue el inicio de mi época dorada en la entidad.

Lo primero que hice al asumir mis funciones fue visitar y recorrer el taller, que también era oficina y sitio de descanso. No podía dar crédito a lo que veían mis ojos. El lugar era un completo desastre. Basura por todas partes y una orgía de planos, catálogos y manuales. Claramente el señor Nicolás tomó represalias y al generar ese caos solo buscaba confundir a quien lo relevara en el cargo.

Esa claridad me dio ánimo para comenzar de inmediato a reorganizar el sitio de trabajo. No era solo cuestión de limpiar. También era preciso reordenar esquemas eléctricos y demás documentos, para lo cual tenía que confrontar lo esquemático con lo real. Total, esa labor me tomó unos tres meses.

La clave estaba en clasificar y ordenar la información de la parte técnica, como esquemas, archivos y demás, que debían ubicarse en un lugar preferencial. Las herramientas y equipos para el soporte técnico quedaron estratégicamente ubicados, de manera que permitieran atender con agilidad los contratiempos que se registraran. Mi plan de trabajo incluyó el diseño e instalación de un banco de trabajo, que al terminarlo parecía más un laboratorio que un mueble.

Julián Vergara, para ese momento mi jefe directo, reconoció la labor que había realizado y citó al gerente general, doctor Gabriel Betancur, para que presenciara mi obra. El líder acudió a la cita, en compañía de mi jefe técnico, Serafín Márquez, y se despachó el felicitaciones al observar el cambio tan favorable que había tenido el lugar.

Serafín, por su parte, se limitó a sonreír, con resignación, pues no daba crédito a lo que sus propios ojos veían, porque su percepción sobre mí había sido nublada por los conceptos de Gamarra y Salas.

Mi vida también se ordenaba. Dicen que *cada niño al nacer trae su arepa bajo el brazo*. Así lo confirmamos con el nacimiento de nuestra primera hija. Mi esposa y yo nos propusimos como meta tener casa propia.

El primer paso para ello consistía en ahorrar una parte de nuestros ingresos. El segundo, aprovechar un préstamo de mi empresa. Y el tercero, sumar un porcentaje de la liquidación que le dieron a mi esposa al terminar un contrato laboral. Consolidados esos recursos, comenzamos la búsqueda.

Después de ver y ver opciones, llegamos a un nuevo proyecto habitacional en el municipio de Envigado. La urbanización era de todo nuestro agrado, se ajustaba al presupuesto y decidimos avanzar en el negocio.

Para esta época mi estado emocional era bastante bueno, porque laborar en la sede alterna de la empresa fue como llegar a un oasis, luego de soportar tanta desazón en la sede principal. Con el beneplácito del jefe de la rotativa me brindaron todas las garantías para el desempeño de mis labores. Estaba donde creía que debía estar, hacía lo que me apasionaba y me sentía como un pez en el agua al trabajar con esa maquinaria.

Dicen que la vida no se queda con nada…

No solo es la vida. Nosotros también.

Una noche me di un descanso y fui reemplazado por Jimy Salas. Hasta ahí la cosa es normal. Sin embargo, para desgracia de este señor se registró una falla en la prensa rotativa. Las cosas iban de mal en peor y tuvieron que acudir a mis servicios. De inmediato suspendí lo que estaba haciendo y me dirigí lo más rápido que pude hasta la empresa. No me tomó mucho tiempo localizar los daños, hacer las respectivas correcciones y reactivar la marcha de esa máquina que, por momentos, a uno le parecía de otro planeta.

Cuando todo regresó a la normalidad, intenté explicarle a Salas, de muy buena fe y con tono sereno, qué era lo que había sucedido, a fin de que si algo similar se volvía a registrar supiera cómo actuar.

-*Usted no tiene por qué darme esos detalles y explicaciones. Acaso no ve que yo soy todo un profesional* -me respondió Salas muy irritado y en actitud arrogante.

-*Sí, usted es un profesional, pero en lo técnico está muy*

por debajo de mi nivel -le repuse, recordándole de paso lo perverso que había sido conmigo desde mi ingreso a la compañía. Dicho esto, di media vuelta y regresé a mi casa.

Quizás no actué de la mejor manera. Uno de esos demonios que tenía cautivos se me salió de madre y se lo endosé a Salas. No me arrepiento de ello. Creo que a veces viene bien cobrar venganza. No en todo, por supuesto, pero sí en situaciones como estas, que son tan frecuentes en las empresas.

Nicolás Pérez, por su parte, estaba confiado en que por haber sido el especialista que mejor conocía la estructura energética de la planta lo iban a volver a poner en su anterior cargo. Su expectativa quedó en eso, en mera expectativa. No obstante, entablamos en la distancia una muy estrecha amistad, al punto de departir juntos los fines de semana. En muchas ocasiones frecuentábamos bares, discotecas y restaurantes en compañía de compañeros y compañeras de trabajo.

Dejé a un lado todo tipo de prevenciones y deposité en Pérez mi confianza.

Fue un grave error. Era una serpiente que llevaba el veneno por dentro. Lo supe cuando me contaron muchas de sus jugadas en mi ausencia. Quizá por ingenuo o por mi excesiva tolerancia las cosas pasaron desapercibidas y no se presentaron roces.

En lugar de distraerme con esos conflictos, yo estaba

empeñado en complementar mi perfil ocupacional. Una buena oportunidad para ello se presentó cuando el Centro Colombo Americano y la empresa hicieron una alianza. Se sortearon varias becas para estudiar inglés y me gané una de ellas.

Los primeros niveles me demandaron mucho esfuerzo, pero eso no me apartó de mi objetivo. Al contrario, a medida que avanzaban los niveles se me hacía más fácil el aprendizaje. Y, lo que son las cosas de la vida: A simple vista podía notar que mi progreso se convertía en una fuente de malestar en algunas de las personas de mi entorno laboral.

No todo era rivalidad.

Como la empresa tenía una cancha de fútbol, en los ratos libres aprovechaba para practicar este deporte. Con el patrocinio de las directivas conformamos un equipo, bastante competitivo, con el que ganamos varios campeonatos interempresariales.

Esa cancha fue suprimida cuando la casa editorial decidió que en la sede de Envigado también iba a construir la base central, unificándola con la planta de impresión.

Las obras comenzaron y el ritmo de avance era vertiginoso. Mientras ello ocurría, mi ambiente de trabajo cambiaba hacia un entorno más tranquilo. Mantenía muy bien organizado mi sitio de labores y tracé un excelente plan de mantenimiento que yo mismo ejecutaba, para garantizar que la maquinaria estuviera en las mejores condiciones. El señor Julián Vergara estaba atento a todo ello y siempre atendió mis requerimientos para hacer eficiente mi desempeño.

La empresa no era la única que crecía.

En 1987 nació mi segunda hija, la cual fue recibida con mucho amor en un hogar que cada día se consolidaba más. Tanto mi esposa como yo aportábamos para mejorar nuestras condiciones de vida. Eso nos permitió en una ocasión librar nuestra casa, pagándole hasta el último centavo a la entidad bancaria que nos había hecho el préstamo.

"Matar esa culebra", como solíamos decir respecto a las deudas, nos dejó tan desahogados, que en nuestras vacaciones empezamos a viajar por el país, pasando buenas temporadas en las playas, el Eje Cafetero, Boyacá y otros destinos.

Finalmente la nueva sede estaba lista y la empresa inició el traslado a Envigado de todos los equipos y el personal.

Ahí comenzó Cristo a padecer… de nuevo.

La primera amenaza la sentí cuando todo el personal técnico fue concentrado en las nuevas instalaciones. En ese momento Nicolás quiso recuperar su condición de encargado de la rotativa, para lo cual contaba con el apoyo de Serafín, nuestro jefe. Sin embargo, la opinión de Julián Vergara fue determinante para que me mantuvieran al frente de estas actividades.

Como fueron necesarias muchas reformas en materia de infraestructura, ese banco de trabajo que elabore con tanto esmero fue desmontado. El responsable de hacerlo fue Tulio Édgar Gamarra, quien se divertía sarcásticamente destruyendo aquello que antes había sido útil y hasta motivo de orgullo.

Personas con este tipo de mentalidades pierden de vista hasta el sentido común.

El caso de Serafín es muy elocuente. Mis progresos en el aprendizaje de un segundo idioma eran tan notorios, que con los compañeros de la sección de Redacción acostumbraba practicar las conversaciones en inglés.

-Oíste, Serafín, ¿a vos no te da pena que un subalterno tuyo hable otra lengua y vos no? -le decían en forma de broma algunos periodistas.

Con una molestia que no podía controlar, Serafín se vengaba luego conmigo: Me cambiaba de horario para ver si de esta manera fracasaba en mi propósito de aprender inglés.

Como la maldad lo enceguecía, él no comprendía que si me mandaba a trabajar en las tardes, yo podía estudiar en las mañanas. Y viceversa. Mejor dicho, estaba jodido conmigo, porque yo no iba a claudicar en mi empeño.

Algunos de estos oscuros personajes también tenían sus momentos críticos.

Una tarde, al comenzar mi turno, me comentaron que Gamarra tuvo una discusión con Serafín, dejó tirado el trabajo y nunca más regresó.

Mea culpa… también me sentí aliviado con esa ausencia.

Unos meses después fue despedido Jimy Salas. La empresa se cansó de darle una segunda, tercera, cuarta…. y más oportunidades, porque con frecuencia llegaba en estado de embriaguez a su puesto de trabajo.

A pesar de estos cambios, afortunados para mi salud emocional, aún el ambiente de trabajo seguía muy perturbado. La razón es que el señor Pérez había tomado mucho vuelo y, como ave de rapiña que era, sus alas se extendían más y más.

Con enemigos así, tocaba estar muy alerta. Y eso era válido inclusive cuando estaba por fuera de la empresa.

Tener a cargo la parte eléctrica de la impresora de periódicos o rotativa, significaba una enorme responsabilidad, de cara a la empresa y los suscriptores y compradores de los diarios. Literalmente, estaba disponible las 24 horas del día y eso significaba que hasta en mis días de descanso tenía que suspender prácticamente lo que fuera para ponerme al frente de las contingencias que se registraran, hacer los correctivos y salvar la impresión de los periódicos.

Una de esas emergencias que atendí coincidió con la visita de uno de los propietarios a la planta, quien simultáneamente se desempeñaba como Alcalde de la ciudad de Medellín. Dos horas me tomó resolver los inconvenientes, un tiempo que el personaje y su comitiva decidieron permanecer atentos. No obstante, por razones de su agenda el socio y alcalde quería ver pronto una solución y, por ello, se me acercó en reiteradas ocasiones.

Cuando hizo eso más de una vez, le pedí con voz tímida y respetuosa que se retirara a otro sitio, a fin de poder concentrarme y hacer mejor mi trabajo.

Él, un ingeniero sensato, muy humano y justo, abandonó mi sitio de trabajo en un gesto de comprensión y amabilidad. Recurrí a lo mejor de mí para interpretar los planos y manuales y al fin hallé la manera de resolver el acertijo, porque así se presentaban esos problemas técnicos. Cuando todo estaba funcionando normalmente, me fui directo al sector en donde estaba el burgomaestre y le di la buena nueva. Él estrechó mi mano y fue generoso en alabanzas que celebraron sus acompañantes.

El solo hecho de que después de tantos años recuerde aún de manera tan vívida este suceso, significa que para mí ese gesto del socio y alcalde representó un auténtico logro.

En el estudio del inglés también tenía avances. Al finalizar los 14 niveles de gramática en el Centro Colombo Americano decidí aprovechar la beca hasta el final, tomando cursos avanzados para perfeccionarme como bilingüe.

Sin contarle a nadie en la empresa, y aprovechando que el horario de trabajo me lo permitía, validé mi bachillerato en el Instituto Ferrini. Lo hice porque aunque había culminado mis estudios en otro centro educativo, este no contaba con la certificación de la Secretaría de Educación.

Cómo les ocurre a todos los mortales, en mi vida se alternaban hechos de diversos signos y emociones.

Un sábado, 28 de mayo de 1994, sonó el teléfono a eso de las 10:00 p.m. Tomé el auricular y al otro lado de la línea estaba la abuela del hijo que alguna vez había afligido mi vida. No me saludó. Su mensaje fue directo y melancólico: Su nieto, que era también mi hijo, acababa de ser asesinado.

La noticia me afectó mucho, pero tocaba sobreponerse rápido, para ponerme de inmediato al frente de todas las acciones que terminaran con su santa sepultura.

Muerte y vida, en esa danza que marca nuestro paso por este mundo.

El calendario marcaba el 22 de noviembre de 1995 cuando nació mi segundo hijo varón. Fue un gran acontecimiento que llenó de felicidad nuestro hogar.

Un varoncito en mi hogar, más de un año después de que mi primogénito había muerto asesinado. Por todos los medios intenté darle buena formación y educación a mi primer hijo, pero él prefirió quedarse al lado de su madre, que fue demasiado permisiva. Ya convertido en un muchacho, decidió vivir en un ambiente cargado de hostilidad y se involucró en combos donde como hampones imponían su propia ley.

Con la llegada del nuevo varón ya tenía tres descendientes. Por eso, de mutuo acuerdo con mi esposa, me hice practicar la vasectomía, para dar por terminada mi contribución al crecimiento demográfico.

Las novedades en la empresa no paraban.

La modernización de la producción de diarios llevó a la compañía a comprar más equipos y maquinaria para insertar publicidad dentro de los periódicos. Esta expansión requería de modificaciones en el sistema de transporte de impresos.

Era una tarea de gran magnitud y el señor Nicolás

Pérez pensó que sería designado para liderar este proyecto, habida cuenta de que él fue quien en un principio se encargó del montaje de un sistema con el que estaba muy familiarizado.

-Ahí tienes toda la información para el montaje de los aparatos que están por llegar -me dijo nuestro superior, Serafín, en el momento en que descargaba sobre mi puesto de trabajo un paquete que casi no podía sostener en sus manos. Pérez estaba afuera y a través del vidrio de la ventana, que me sirvió de espejo, noté su desaliento al alejarse del lugar sin pronunciar una sola sílaba.

Ese era, hasta el momento, el trabajo profesional más relevante de mi vida.

Para cumplirlo necesité de toda la colaboración del encargado de la sección, Julián Vergara, quien me facilitó el personal y los recursos que le pedí. Las obras avanzaban y todo marchaba a la perfección. Sin embargo noté que Nicolás acechaba mi campo de trabajo, siempre con la esperanza de detectar algún defecto para hacérselo saber a Serafín. Nada pudo hacer. Por fortuna, todo salió como lo habíamos planeado.

El hecho de que hablara un segundo idioma facilitó mucho mi labor.

El fabricante de los equipos envió a uno de sus representantes para que supervisara los trabajos, aprobara lo realizado por el equipo que yo lideraba, ayudara con los ajustes que fueran necesarios y estuviera ahí para garantizar que la puesta en funcionamiento se diera con toda normalidad.

Para desempeñar esas funciones llegó a la empresa un joven ingeniero alemán, que no hablaba nada de español. Esa fue mi gran oportunidad para probar que podía comunicarme de manera fluida en inglés. El ingeniero revisó minuciosamente nuestro montaje, intercambiamos conceptos técnicos y se despachó en elogios por mi desempeño.

Mi espíritu de superación parecía no tener límites.

En 1998 cumplí el sueño de tener mi primer vehículo automotor. Se trataba de un Mazda, modelo 1995.

La envidia es una cosa terrible. Esta conquista personal desató en el señor Pérez una desmesurada inconformidad. Nunca en la vida conocí a un ser humano tan poseído por ese vil sentimiento, que alimentaba con cada triunfo de sus colegas.

Yo progresaba, pero también cada vez me dejaba afectar más por el mal ambiente laboral y anhelaba hasta el cansancio poder llevar una vida normal. Fueron muchas las noches que pasé en vela, pensando que en cualquier momento me iban a llamar para atender una emergencia.

En una de las tantas veces que eso pasó, se paró el

tiraje de los diarios por una falla técnica. Corrí, como de costumbre, para solucionar el percance. Hice el diagnóstico de rigor y establecí que la falla se debía a un desperfecto en una unidad electrónica.

Cuando salí a buscar el repuesto, recordé que Serafín, el jefe del Departamento Técnico, le había prestado esa pieza a una editorial colega de Bogotá. Con la ayuda de los empleados de la empresa en la capital de la República se aceleraron las gestiones para traer de vuelta el repuesto. La tarjeta de automatización la recibió directamente mi jefe, quien luego me la pasó para que continuara con la reparación.

Hice los cambios y di la orden de reiniciar el proceso. Todos estaban expectantes por el resultado. Las máquinas comenzaron a trabajar de nuevo y eso fue motivo de gran júbilo entre los presentes.

Con una excepción: De mala gana, mi jefe me ordenó que me quedara en el sitio hasta que se terminara todo el tiraje del periódico.

Al día siguiente, más relajado, ese mismo jefe me ofreció disculpas. Reconoció que había sido injusto al obligarme a permanecer allí toda la noche. Esto me causó gran extrañeza, porque muy pocas veces había sido benévolo conmigo. Sin lugar a equivocarme, podría asegurar que siempre desestimaba mis funciones.

El progreso de la empresa era sorprendente.

Aprovechando que el diario estaba en pleno apogeo, gozaba de preferencias entre los lectores locales, regionales y nacionales, amén de su prestigio internacional, los dueños consideraron que ya era tiempo de modernizar y ensanchar las unidades de impresión. El objetivo era no solo poder imprimir más ejemplares, con toda la actualidad periodística y la publicidad, sino también maximizar la obtención de utilidades.

Cuando los empleados fuimos enterados de estos proyectos, Nicolás fue el primero en mostrar sus ambiciones para manejar lo relacionado con su campo profesional. Tampoco se le dio. Yo fui el escogido y él tuvo que resignarse a ello.

Los trabajos se iniciaron y ahí estaba yo, de nuevo, aportando mi mejor esfuerzo, luchando por hacer una excelente labor. Como ya era costumbre en él, Pérez rondaba, no con el ánimo de colaborar, sino para regocijarse con un eventual tropiezo o problema.

Tampoco tuvo esa dicha. Culminamos con éxito las obras y me anoté un nuevo triunfo en la organización.

Mi logro fue como una nueva dosis de veneno que, en forma totalmente voluntaria, fabricó y se bebió Pérez.

Él se lo tomó, pero yo también pagué parte de las consecuencias. Con la finalización de los trabajos vinieron los reconocimientos y una fuerte discusión con Pérez. Ese fue el final de nuestra relación. Nunca más volvimos a ser amigos ni compañeros.

Y, en esa misma medida, aunque en la empresa laborábamos con la filosofía de que éramos una sola familia, para mí el trabajo empezó a transformarse en un auténtico infierno laboral.

Pérez se encarnizó conmigo.

Me declaró una guerra, de la cual yo no hacía parte.

Puso quejas a diestra y siniestra, aprovechando que gozaba de las preferencias de mi jefe.

La situación se tornó muy desventajosa y su objetivo no era otro que recuperar el cargo que tenía en la prensa.

Lo consiguió.

Yo fui separado de mis funciones, pero con la condición de que en caso de cualquier eventualidad que se presentara en las horas de la noche, debía ser yo el encargado de solucionarla.

Eso implicaba, de paso, que me tenía qué someter a las órdenes de semejante personaje.

Golpeado emocionalmente como estaba busqué a Julián Vergara para que me ayudara, para que mediara a mi favor, pero en lugar de hacerlo me dio la espalda.

Dolor.

Decepción.

Sentimientos de traición.

Fui presa de ese coctel de emociones.

Todo me parecía tan injusto.

Yo solo había sido un empleado con gran sentido de pertenencia y había ejecutado mis funciones con profesionalismo y responsabilidad.

No. Definitivamente no merecía que me pagaran de esa manera.

Luego de sentir la tristeza, me senté a reflexionar bien las cosas.

Mi gran conclusión fue que allí no había espacio para los dos. O se iba Nicolás o me iba yo.

Apoyado en los ya incontables actos de indelicadeza que mi adversario había tenido conmigo, lo denuncié ante la oficina de talento humano, en donde se realizaban los procesos disciplinarios.

Pasaron algunos días… y no recibí ninguna respuesta.

Entonces fui personalmente a la oficina del encargado de esa investigación. Le comenté en forma sumaria del asunto, porque la queja formal ya estaba radicada, y este prometió que iniciaría las investigaciones correspondientes para determinar la validez o no de mis denuncias.

Al ser citado a las indagaciones, el señor Márquez declaró en favor de Pérez.

Para darle vuelta a la torta, se inventaron que yo había incurrido en el presunto delito de calumnia contra la persona de Pérez.

Las cosas de la vida: A mí no me destituyeron por irresponsable, por ser un borracho, un ladrón o una cosa por el estilo.

En su frágil defensa los presuntos implicados argumentaron que yo había sido un calumniador.

Tan pobre era ese argumento, que para muchos en la empresa fue claro que mi salida era producto de un contubernio en el que fueron protagonistas mi jefe, que tenía gran influencia en la organización, su hermano y el jefe de talento humano.

Pero, recuerden, ni la Vida ni Dios, que es como lo mismo, se quedan con nada…

Capítulo X
Mi vida a la deriva

Cuando le di la noticia a mi mujer, ambos sentimos como si el mundo se nos hubiera venido encima.

El 31 de marzo del año 2000 abandoné una empresa que se había convertido en mi segundo hogar.

Un puñal clavado en lo profundo de mi ser.

Un terrible nudo en la garganta.

Y hasta el alma hecha pedazos, como dice la canción de Pimpinela.

De esa naturaleza fueron las sensaciones que tuve ese día, en el que me alejé con la promesa de que nunca más volvería a poner un pie en esas instalaciones.

Al comprender que nada hacía con simplemente llorar, maldecir o preguntar más ¿por qué me pasó esto a mí?, busqué de inmediato el consejo profesional de un amigo abogado, al que le conté todos los detalles de mi paso por esa organización y la manera como me habían despedido.

-El caso amerita presentar una demanda. Pero es necesario que nos tomemos unos días para analizar con cuidado la causal, que será clave para presentar un litigio, tendiente a que la empresa te indemnice -me dijo el abogado.

Eso estaba bien. Así lo haríamos. Sin embargo, en el fondo lo que más inquietaba era la manera de rescatar mi dignidad.

Estaba a menos de un mes para cumplir los 47 años y parecía como si todo se hubiera acabado. Con esa edad, en un país como Colombia, se podría decir que estaba prácticamente desahuciado para el mercado laboral. Veía prácticamente imposible conseguir empleo en una empresa como la editorial y eso me angustiaba. Mis dos hijas apenas cursaban bachillerato y el varón aún era un niño.

Como creyente invocaba a diario la ayuda del Ser Supremo. Y en esos mismos momentos me iluminaba y daba gracias porque al menos tenía carro y un taxi que yo mismo podía conducir.

No fue fácil asimilar esa condición de desempleado lanzado al rebusque, porque extrañaba demasiado el ejercicio de la profesión que tanto amaba.

Además de la tristeza, por mi mente pasaba una y otra vez la película del jefe de talento humano, quien había sido demasiado altanero conmigo el día que me despidió. Cada vez que pensaba en él, en mi excompañero y en el exjefe, esa daga que sentía clavada en mi pecho se hundía y salía, se hundía y salía, provocándome un dolor que físicamente experimentaba.

Mi esposa trabajaba en el Concejo de Medellín, como asistente de un reconocido edil. Por recomendación de uno de sus compañeros de oficina, acudimos a los servicios de un jurista especializado en derecho laboral y con él iniciamos un proceso contra la empresa que había prescindido injustamente de mis servicios.

Como taxista me conecté con la familia del jefe de mi esposa y en repetidas ocasiones lo transporté a él, a su mujer, a sus pequeños hijos y a otros parientes.

Un fin de semana, durante una visita a mi madre, noté que en mi familia no faltó quien mostrara cierta alegría por lo que me había pasado. Hasta mi hermano, con el que muchas veces me había peleado, me recriminó porque supuestamente a mí me faltaba mucha humildad para aceptar ser un conductor de servicio público. Creía tener derecho a decirme esto, poque él era taxista. Mi madre intervino y para tratar de apaciguar los ánimos pidió que fueran más comprensivos y que tuvieran en cuenta que mi vida laboral estaba ligada a otras actividades.

A varias de las personas que transportaba llegué a

comentarles de mi historia. Al llevar a uno de estos pasajeros a la Clínica Medellín, un individuo me solicitó que recogiera a un galeno en el parqueadero. Me encaminé al sitio y apareció un señor bien presentado. Estaba en silla de ruedas y me pidió el favor de conducirlo a un sitio exclusivo en Envigado.

Durante el viaje me comentó que tuvo un accidente automovilístico que le paralizó parte del cuerpo. Su esposa lo abandonó al verlo impedido y resignado a permanecer en silla de ruedas. Sin embargo, él tuvo coraje y continuó activo en su vida profesional. En un gesto de reciprocidad por su confianza, le hablé de lo que me había acontecido meses atrás.

-Quédese tranquilo -me dijo el médico. *La vida sigue y aún estás con fuerzas. Sigue luchando, porque la vida te traerá algo mejor.*

Esas palabras me causaron un gran impacto.

Finalmente el abogado estructuró la demanda laboral y la presentamos, con la ilusión de que el fallo fuera favorable y se me hiciera justicia.

Gracias a la confianza que fueron depositando en mí los patrones de mi cónyuge, me recomendaron para transportar en las mañanas a una dama estadounidense, desde un apartamento en el barrio El Poblado hasta la Universidad Eafit, y en las tardes para hacer el viaje de regreso.

Esto fue como encontrar un oasis en medio del desierto, justo cuando empezaba a ahogarme en la desesperanza. La ciudadana americana me pagaba bien por llevarla a muchos lugares y con ella pude practicar mi segundo idioma.

Un día me enteré de que una de las empresas que había ejecutado las obras del Metro de Medellín -donde mi pareja trabajó un buen tiempo- estaba vinculando personal de diversas áreas para construir una represa en Malí, África. Me pareció una excelente oportunidad, porque teníamos buenas conexiones con el encargado de reclutar la mano de obra.

Acudí al personaje, que conocía bien de mis aptitudes en el campo eléctrico, aparte de la ventaja de dominar el inglés, y me dijo que le llenara todos los documentos porque cumplía con los requisitos para estar en la nómina. Hablamos del salario y me sentí muy conforme con la cifra que me reportó. Era una buena paga y en dólares.

Cuando entregué mi hoja de vida deposité en este empleo todas mis esperanzas.

Como pasaron los días y no recibí ninguna información, fui directamente a las oficinas para que me dijeran en qué iban las cosas. Lo que escuché me produjo gran pesar: Desde la sede principal, en Europa, dieron la orden de no contratar a más colombianos.

Al parecer el trabajo era muy rudo y el primer contingente de colombianos que viajó al proyecto padeció las inclemencias de la selva. Algunos se enfermaron de malaria. Y muchos otros se llenaron de nostalgia, al estar lejos de sus familias.

Al cerrarse esa opción, a mi mente volvieron inevitablemente aquellos momentos en que fui despedido de mi último empleo.

Mis días se volvieron tormentosos.

La tristeza y una profunda depresión me invadían.

Me sentía sumamente desprotegido.

Y por mi mente pasaban, una y otra vez, los rostros de Serafín y Nicolás.

Cierto día, al parar en un semáforo, vi a Pérez esperando también la luz verde para seguir su marcha. Al notar mi presencia, empezó a cantar y bailar, con gestos irónicos, dentro de su viejo y descolorido Simca. Como las circunstancias no daban para confrontarlo, simplemente aproveché la señal y continué mi camino.

En desarrollo de la demanda fueron llamados a declarar unos cuantos de mis testigos. Sin ser un gran conocedor de las normas legales, alcancé a percibir que mi apoderado tenía algunas falencias, que contrastaban con la audacia que exhibía el abogado que representaba a la empresa.

En algunos momentos sentí que todo estaba en mi contra, porque los eventos malos parecían confabularse para presentarse al mismo tiempo. Justo en los días en que no obtenía buenos ingresos por falta de pasajeros, chocaban mi taxi o era reportado por cometer infracciones de tránsito.

Una noche recogí a una familia y me solicitaron trasladarlos a determinado lugar en el municipio de Itagüí. Para llegar al destino tenía que pasar por un sitio montañoso, no muy poblado. El reloj marcaba más o menos las 8:45 de la noche. Por fin arribamos a un paraje donde terminaba la carretera y allí se apearon los pasajeros. La única forma de salir de ahí era dando reversa. No era fácil, porque la vía era muy angosta.

Finalmente lo conseguí y abandoné el lugar. Dos kilómetros más adelante noté que el camino estaba bloqueado con palos, piedras y otros objetos. No entiendo cómo llegaron esos elementos ahí. Lo que sí sé es que me bajé del carro, sin ningún temor, y en medio de la oscuridad removí cuando impedía que avanzara.

Cuando despejé el camino reinicié mi marcha y solo unos metros más adelante me puse a meditar en el asunto. Concluí que algo me iba a pasar, pero una acción divina me protegió y me permitió regresar a casa sano y salvo.

Aunque no tenía la misma solvencia económica de mis tiempos de empleado, tampoco pasaba afugias y el pan de cada día siempre estaba servido en nuestra mesa.

Parte de ello se debe a que también fui recursivo durante mi trabajo como taxista. Recuerdo que me conecté con una empresa de turismo y gracias a mi dominio del inglés me aparecieron muchos clientes que remuneraron generosamente mis servicios.

Finalizando el mes de octubre de ese año, mi esposa me hizo saber que a su mesías laboral lo iban a nombrar director nacional de la Aeronáutica Civil. De concretarse ese puesto, ella seguiría siendo su secretaria.

Al principio no le di mayor importancia a esa novedad, porque me parecía más una especulación. Por lo tanto, le seguí prestando mis servicios de taxista al patrón de mi esposa y su familia.

El 7 de diciembre del mismo año (2000), mi clienta preferida, aquella que transportaba a diario en la tarde y en la noche, me solicitó que la recogiera dos horas antes de lo acostumbrado. Llegué muy cumplido y me dijo que la llevara al apartamento y la esperara un momento. A los 15 minutos regresó y me ordenó que fuéramos al Centro Comercial Oviedo, en El Poblado. Como el recorrido era corto, aprovechó para decirme que había terminado su misión en Eafit, que al día siguiente regresaría a Estados Unidos y que esa sería la última vez que utilizaría mis servicios.

La noticia me causó pesar, por la amistad y el afecto que había surgido entre ambos. Cuando llegamos a Oviedo, me pidió que también me bajara un momento. Entonces se me acercó, nos dimos un abrazo de despedida y me entregó un sobre. De ahí salí para la oficina de mi esposa, la recogí y seguimos para la casa.

Al llegar destapamos el sobre y, vaya sorpresa. La mujer norteamericana me había dado una muestra de su gratitud y era a tal punto generosa que con ello nos arregló la Navidad.

Estábamos en plena temporada decembrina y recordé que en la editorial los empleados recibían una prima especial, llamada "el aguinaldo navideño", equivalente a un mes de salario. Ese 16 de diciembre, siendo el mediodía, por casualidad recorría la vía sobre la que están las instalaciones de mi antigua empresa. Observé que algunos de mis excolegas venían con ambas manos ocupadas, con compras que habían realizado con el aguinaldo entregado por sus patronos.

Me faltan palabras para expresar lo que sentí en ese momento.

Solo puedo decir que la angustia y el pesar estaban en el centro de mi corazón, porque en esas mismas circunstancias habría estado yo si no hubiera sido botado de la compañía.

Amargado y sin rumbo me fui de ese lugar.

Por esos mismos días mi esposa terminaba su contrato con el Concejo de Medellín. Por ser fin de año lo tomó serenamente como un período de vacaciones. Por mi parte, aproveché esta época de alta temporada para generar muy buenas entradas como taxista.

Al promediar el mes de enero de 2001, el exconcejal había regresado a sus actividades privadas y le pidió a mi esposa que fuera su secretaria durante unos días. Así lo hizo ella, mientras yo me ocupaba de transportar al personaje y a su familia.

Unos cuatro días después de prestarles un servicio, estaba finalizando la tarde y mi esposa me pidió que la recogiera para llevarla a casa. Durante el recorrido me contó que posiblemente su jefe se convertiría en el nuevo director de la Aerocivil y que en cuestión de días se produciría su nombramiento. Así mismo, me manifestó que de llegar a ese cargo, ella sería su secretaria personal. Sin embargo, ella le pidió que me cediera a mí esa posibilidad de un nuevo empleo.

Eso fue lo único que se habló del tema.

-Juan José, voy a arreglarle la vida. Al momento de mi posesión te ubicaré en la mejor empresa de Colombia:

La Unidad Administrativa Aeronáutica Civil -me aseguró en tono fraternal el propio dignatario dos días más tarde, cuando lo llevaba a la oficina de un colega.

La noticia era genial, pero la tomé con calma. Prefería ser prudente y esperar a que el anuncio se volviera realidad.

El 31 de enero de 2001 citaron al futuro director a Bogotá, para que tomara posesión del cargo ante el Presidente de la República. El primer mandatario de los colombianos no pudo asistir y eso frustró el acto protocolario. El exconcejal regresó a Medellín y esa noticia me llevó a pensar que mi destino estaría ligado al manejo de un coche de servicio público. Con calma y resignación lo acepté.

El martes 6 de febrero, día del cumpleaños del mi redentor laboral, este último recibió una llamada de la Casa de Nariño, en donde debía presentarse dos días después para su posesión oficial.

Un día antes de tan importante fecha lo trasladé al aeropuerto en compañía de su esposa, una gran dama que me apreciaba mucho. Ambos me expresaron que, muy pronto, terminaría mi tormento. Esta vez no hubo contratiempos y por fin se pudo realizar la toma del juramento del recién nombrado director de la Aerocivil.

Tomé las cosas con prudencia, pero obviamente

me mantuve pendiente del momento en que mis expectativas se convirtieran en realidad.

El miércoles 14 de enero, a las 8:00 p.m. sonó el teléfono de mi casa. Contesté y de inmediato reconocí la voz de mi interlocutor.

-Juan, buenas noches. Llamo para informarte que está listo tu nombramiento como empleado de la Aerocivil -me comentó el director, quien luego me puso en conocimiento del salario que iba a devengar.

Me desinflé. El pago era más o menos la mitad de lo que me ganaba en la anterior empresa.

-Doctor, le estoy muy agradecido, pero siendo así las cosas, por favor concédale mejor el puesto a mi compañera.

-¿Qué salario ganabas antes, Juan?

Cuando le revelé la cifra, me pidió que le enviara mi hoja de vida por fax y terminó la llamada.

De inmediato, y al mejor estilo de una carrera contrarreloj, recogí todos mis datos. Como era tarde en la noche, la única opción que teníamos a mano para enviar el fax era en casa de una amiga, que aunque había cerrado ya su negocio por la necesidad y la importancia de este cargo me permitió mandar la información al director de la Aerocivil.

El hecho de que me hubieran informado de una

remuneración tan distante de mis expectativas, hizo que mis sueños se fueran al piso. Yo, que creía haber superado lo relacionado con mi despido, me sumí nuevamente en la melancolía.

Esta vez me duró muy poco.

Dos días después me llamó la secretaria general de entidad que regula la aeronavegación en Colombia y me comunicó que debía recoger al director en el aeropuerto internacional José María Córdova, de Rionegro, a las 6:00 p.m.

Mi esposa aún era su secretaría privada en Antioquia y con dos horas de anticipación emprendí el viaje para estar muy puntual en el aeropuerto. No había avanzado ni 20 kilómetros cuando vía beeper mi esposa me pidió que la llamara urgentemente.

-*Juan, tu salario va a ser mucho mejor que antes* -me comentó vivamente emocionada mi esposa, cuando pude llamarla del teléfono más cercano que encontré.

Al conocer la cifra de mi remuneración dije ¡aleluya, aleluya!

Luego seguí mi marcha, con la plena seguridad de que se habían espantado mis tristezas y melancolías.

Le di rienda suelta a la alegría.

Mi ánimo llegó a su máxima expresión.

Canté, reí, lloré… y tuve indescriptibles emociones durante el resto del recorrido.

Al arribar al terminal aéreo vi en la distancia a la esposa del nuevo director de la Aerocivil. Venía directamente hacia mí. Su mano derecha estaba levantada y con el dedo pulgar levantado me hacía gestos de simpatía y me daba a entender que me traían buenas nuevas.

Detrás venía el nuevo director y también mi nuevo patrón.

Nos saludamos muy efusivamente y él me metió un sobre en el bolsillo de mi chaqueta.

Discretamente me hice a un lado, para permitir que, como una celebridad que era, lo abordaran otras personas que deseaban felicitarlo o simplemente saludarlo.

Abrí el sobre.

Era un documento que leí con toda mi atención.

Era mi nombramiento como funcionario oficial y también contenía lo relativo a mi nuevo salario.

Mi ángel laboral me observaba de reojo.

Ahora ya era real la noticia que horas antes me había revelado mi esposa.

Media hora más tarde el director abordó mi taxi y nos dirigimos hacia su apartamento. En el camino me hizo varias chanzas, sobre lo que estaba por venir, y me pidió que le dijera cuánto me debía por los servicios que le había prestado.

-Doctor, usted no tiene ninguna deuda conmigo. Ahora soy yo quien está endeudado con usted. Como no tengo con qué pagarle, le pido a Dios que le pague por lo que acaba de hacer por mí.

Esa noche terminaron mis días de angustia y desazón.

Una vez más, el Padre Celestial me había hecho efectiva una nueva recompensa.

Capítulo XI

Bendición Celestial

De nuevo estaba en la nómina de una gran empresa colombiana, la mejor de todas para mí: La Unidad Administrativa Aeronáutica Civil de Colombia.

Ese 26 de febrero de 2001 iniciaba mis labores. Como es apenas natural me levanté muy temprano y ansioso, para esperar el bus de la institución, que pasaba cerca de mi casa en Medellín. El destino: El Aeropuerto Internacional José María Córdova, en la ciudad de Rionegro.

Al llegar fui directo a la oficina de talento humano. Me le presenté a la secretaria como un nuevo empleado y ella no pudo disimular su malestar al enterarse de esta novedad.

No era nada personal. Ella se asombró un poco, porque un año atrás se había efectuado un proceso de reestructuración y la Aerocivil despidió a 240 funcionarios.

De manera muy amable me acompañó hasta donde su jefe, la doctora María Luisa. Mientras conversábamos, ingresaron a su oficina dos empleados del área de bomberos, a quienes mi nueva superiora me presentó.

-Sea usted bienvenido. Llegó a donde debía llegar -me expresaron mis nuevos compañeros.

Minutos más tarde fui remitido donde el director regional. El encuentro fue amistoso y por mi formación como tecnólogo me manifestó que, en principio, no sería ubicado en el área eléctrica.

No sé qué tanto sabía de mi historia laboral íntima, pero esa decisión resultaba afortunada. En esa subestación el ambiente era bien pesado, tenían sindicato y no me iban a dar un buen recibimiento, y menos si se llegaran a enterar que había aterrizado allí por una directa intervención del director General de la entidad.

Se determinó, entonces, que laboraría en el almacén general, mientras me iba dando a conocer entre todo el personal. Luego de un tiempo prudencial me reubicarían en soporte técnico.

Todo eso me pareció muy humano, estratégico y sensato. Al final terminé bajo las órdenes del señor Franco Olave, jefe del almacén. Para llegar al sitio de trabajo teníamos que hacer un recorrido por la plataforma del aeropuerto y pasar al otro lado, en sentido oriente, cerca a la estación de la Policía Aeroportuaria.

Desde el principio tuve muy buenas relaciones con Olave. Me enseñó las instalaciones y luego de conocer bien el lugar intercambiamos ideas para transformar la zona de almacenaje de los repuestos, elementos de oficina y demás enseres de la regional. A esa tarea me consagré, para convertir aquello en un sitio presentable, confortable y digno.

Curtido como estaba ya laboralmente, tampoco fui tan iluso con respecto al ambiente que me esperaba. Aquel no sería para mí un camino sembrado de rosas.

Cuando el sindicato y algunos de mis nuevos colegas se enteraron del salario que recibía, se armó una hecatombe.

¿Cómo era posible que un recién llegado recibiera mejor salario que otros empleados que tenían más tiempo en la institución, con mejor formación académica y más conocimientos en materia de aeronavegación?

Con argumentos como estos la asociación sindical les solicitó a la Procuraduría y la Contraloría que se revocara mi nombramiento. A esa querella le puso el pecho el director nacional, quien al final salió bien librado.

Mientras tanto, Olave me relacionaba con los demás funcionarios y yo simplemente hacía bien mi trabajo para darles una buena impresión.

Como tenía libres los sábados, aproveché para realizar un curso de informática en el Servicio Nacional de Aprendizaje (Sena). Era una forma de irme preparando para mejores oportunidades dentro de la Aerocivil y de ir cerrando la brecha en formación que tenía frente a mis nuevos compañeros.

Gracias a esa capacitación pude desempeñar funciones en áreas diferentes a las que registraba mi historia laboral, incluyendo oficios reservados únicamente para personal calificado. Por ejemplo, desde la dirección de Pagaduría solicitaron mis servicios y cumplí a cabalidad las tareas relacionadas con la elaboración de planillas y datos de entrada y salida de la regional.

Dada la confianza que existía con el director General, cuando este se desplazaba a la regional de Antioquia pedía que fuera su conductor. Durante su gestión fueron muchas las veces que lo transporté a diferentes lugares. Una de las cosas que más recuerdo, es que el doctor Vélez fue el creador de un evento que se realiza cada dos años, con un éxito impresionante: La Feria Internacional Aeronáutica, en la que participan expositores nacionales e internacionales y la gente tiene la oportunidad de apreciar las últimas novedades en este importante sector de la economía.

Cuando apenas llevaba cinco meses en la Aerocivil, se produjo mi transferencia al área de soporte técnico. Esto se produjo sin mayores contratiempos en los trámites, porque allí quedó una vacante por la jubilación de un empleado.

Yo estaba feliz, por pasar al campo laboral que más extrañaba y en el que obviamente podía tener un mejor desempeño.

Sin embargo, al oficializarse mi nombramiento se desató otra debacle.

Algunos compañeros de trabajo hicieron gestiones para que se reversara mi nombramiento. Pero, como el personal no era homogéneo, también hubo otros que, inspirados en el buen colegaje, pusieron todo su interés en colaborarme. Uno de estos últimos aliados estaba a punto de retirarse para iniciar esa etapa esplendorosa de la vida.

Al iniciar mis labores en la subestación eléctrica entablé una gran amistad con algunos de mis compañeros. Mi actitud fue abierta y cordial, inclusive con quienes al comienzo impugnaron mi nombramiento.

Dado el nivel de profesionalismo que para entonces tenía, de una manera rápida me familiaricé con el sistema. Mi nuevo parcero, Ignacio Álvarez, contribuyó mucho a ello. Con muy buena onda y generosidad me entregó la información que conocía sobre el mundo de la aeronavegación. También conté con la colaboración del señor Orlando Méndez, quien desde sus funciones como mecánico me familiarizó con los grupos electrógenos.

Como veterano en mi ramo, a nivel personal diseñé un programa de mantenimiento para el alumbrado, fuelles, generadores y otros aparatos. Para implementarlo requería de una documentación técnica que supuestamente estaba a mi disposición en un mueble que hacía las veces de planoteca. Sin embargo, uno de mis principales antagonistas, Nicasio Polanco, de mala leche ocultó los módulos de los fuelles y ahí murió mi proyecto para alargar la vida útil de esos aparatos.

Como funcionarios públicos teníamos muchas facilidades para tomar préstamos a través del Fondo Nacional del Ahorro con destino a la compra de vivienda. Uno de los requisitos era tener por lo menos tres años de servicios en el sector gubernamental. Cuando cumplí ese período, inicié las gestiones para obtener dicha financiación.

Dando por hecho que el dinero me lo prestarían, adelanté la búsqueda de buenas opciones de vivienda y hallé una propiedad que, no solo se ajustó al presupuesto, sino que además fue del agrado de mi esposa y de toda la familia. Amparado en el dinero que tenía atesorado y lo que me prestaría el FNA, negocié con el vendedor los términos de la compraventa y cerramos el trato.

Los días pasaban y pasaban y el banco no hacía el desembolso del crédito. Entonces me vi en la obligación de vender la propiedad en la que vivíamos, para cumplirle al vendedor lo pactado en la promesa de compraventa y evitar el pago de la penalidad que contemplaba el contrato.

Traspasar la propiedad de la vivienda en la que se criaron mis hijos fue una auténtica odisea, sobre todo porque el tiempo apremiaba y debía seguir honrando mi palabra en la otra compraventa. Las circunstancias me llevaron a tener que rebajar mis pretensiones con respecto al valor inicial de nuestro inmueble, pero, aún así, obtuve el dinero necesario para pagar la totalidad del precio de la casa nueva, a la que nos fuimos a vivir de inmediato.

Al poco tiempo la entidad bancaria me respondió afirmativamente sobre el crédito. Como estaba libre de deudas, aproveché esta financiación y adquirí un segundo inmueble. El negocio pintaba sugestivo, porque las cuotas mensuales que debía pagar las podría cubrir con el dinero que obtendría al arrendar dicho bien.

A medida que pasaba el tiempo más me acoplaba al mundo aeronáutico desde el punto de vista técnico. Así lo comprobé cuando se presentó una necesidad en el aeropuerto El Caraño, en la ciudad de Quibdó, Chocó. Generalmente los técnicos más experimentados eran los que monopolizaban la atención de este tipo de llamados. Esa misión se la iban a entregar al técnico Ernesto Flórez, quien en principio pidió un plazo para ponerse al frente de los trabajos. Como la situación requería de una intervención inmediata, el jefe de soporte técnico me preguntó si estaba en condiciones de solucionar la falla.

Le dije que sí. No sabía de qué se trataba, pero me tenía mucha confianza a nivel profesional. Me asignaron la tarea y eso no fue muy bien visto entre quienes acaparaban este tipo de misiones. Por lo tanto, no faltaron sus observaciones en el sentido de que no era yo la persona idónea y se atrevieron a vaticinar que seguro los defraudaría.

Antes del viaje, mi buen amigo Ignacio Álvarez me brindó elementos que me serían de mucha utilidad y me hizo algunas recomendaciones para que esta experiencia fuera más fructífera y eficaz.

Para esta misión, de dos días y medio, viajé en compañía del mecánico Orlando Méndez. Al enfrentarme al inconveniente tuve que hacer gala de toda mi capacidad e ingenio, porque se trataba de un sistema novedoso. No obstante, el automatismo se hacía confuso y obsoleto, mientras que la humedad y demás condiciones climáticas dificultaban nuestra labor.

Mi compañero Méndez se encargó de las correcciones mecánicas a la planta de emergencia.

Pasó el primer día y no obtuvimos resultados favorables.

Lo mismo ocurrió al segundo día.

Después comenzaron a devorarnos el desespero y los nervios, hasta el punto de llegar a pensar que nos tocaría regresar con la cola entre las piernas.

Mis contradictores, como si desde la distancia nos estuvieran espiando, llamaban insistentemente para indagar sobre la situación.

Con el tiempo de la misión vencido y resignados a una labor fallida, nos preparamos para el regreso. Apesadumbrados nos dirigimos a la taquilla de la aerolínea para hacer nuestro registro y en ese momento nos informaron que el vuelo estaba retrasado tres horas.

Ese tiempo extra me despertó las ganas de volver a intentarlo. Regresé al campo de trabajo con mi compañero para buscar la solución. Y, ¡eureka! A los 20 minutos, y después de ejecutar unas pruebas técnicas, logré encontrar la falla y darle solución.

Vaya ironía. En cuestión de minutos solucionamos una avería que no habíamos podido resolver durante por lo menos 48 horas.

Cuando una persona se enfrenta a cualquier problema, no siempre se puede establecer con precisión en cuánto tiempo hallará la solución.

En una ocasión me tocó atender una contingencia

en el aeropuerto Antonio Roldan Betancur, del municipio de Carepa, Antioquia. La transferencia automática, que determina si el sistema eléctrico funciona con energía comercial o a través de la planta de emergencia, funcionaba mal.

Me bajé del avión y con una simple mirada al tablero de controles identifiqué el desperfecto.

Ese día me tomó 30 minutos realizar los correctivos y el resto del tiempo asignado para la misión lo pasé prácticamente sin realizar otra actividad.

Una tarde, estando en mi sitio de trabajo, recibí la llamada telefónica de un señor que se presentó como Manuel. Me comentó que estaba interesado en comprar la casa que tanto estaba disfrutando con mi familia.

Eso me tomó por sorpresa y no le di mayor importancia.

Como el señor insistió, le pedí una suma lo suficientemente alta como para que desistiera.

De inmediato me hizo una contrapropuesta, que estaba muy cerca de lo que le había pedido. Partimos diferencias y llegamos a un acuerdo.

Vendida la casa, volvimos a iniciar el proceso de buscar otro inmueble y terminamos acomodándonos en un apartamento que nos agradó bastante.

Un día sentí que el tiempo estaba corriendo muy rápido en la Aerocivil. Así me ocurrió cuando mi amigo y compañero Ignacio Álvarez me informó que había cumplido con los requisitos para jubilarse y presentó la respectiva carta de renuncia.

Para mí esa fue una baja muy lamentable, teniendo en cuenta la gran amistad que nos unió durante esos años. Apenas unos meses antes, y por la misma razón, se había retirado el presidente del sindicato, Ernesto Flórez, compañero del área de soporte técnico. Él era uno de los acaparadores de las misiones y en cierta forma me consideró un obstáculo y competencia, muy influenciado en ello por Nicasio Polanco, otro integrante del grupo.

Esas dos salidas, me trajeron consecuencias buenas y malas.

Por un lado, y fruto de los celos profesionales, Nicasio emprendió una lucha sin cuartel en mi contra y aprovechaba cuanta oportunidad se le presentaba para que bajara la guardia y me sometiera a sus caprichos.

Por otro lado, me recargaron con responsabilidades de tipo técnico, debido a que con la ida de estas dos personas escaseaba, aún más, la mano de obra calificada.

El lado amable de esto es que mis capacidades laborales fueron bien reconocidas por mi jefe, el ingeniero José

Roberto Lucio, quien más adelante se convirtió en uno de mis mejores amigos en toda mi vida.

Tan enfrascado estaba en mi trabajo en la Aerocivil, que por momentos perdía de vista la demanda que tenía contra la casa periodística. Ese litigio entró en su etapa final y fue llamado a declarar el representante legal de la empresa, el señor Gabriel Betancur.

Este personaje acudió a la cita con el juez laboral, quien debía impartir justicia. Solo me bastó ver el trato que se dieron ambos en un corto diálogo, para entender que tenían una estrecha amistad. Durante el interrogatorio, quien hacía las veces de escribiente fue tolerante con el gerente y le permitió hacer correcciones a sus respuestas, por recomendación de su abogado. Como si fuera poco, mi abogado resultó ser un incompetente. Ni siquiera se percató de semejantes anomalías, que eran suficientes para solicitar más garantías y una sentencia justa en otra instancia.

El fallo, como se presagiaba, salió a favor de mis contrincantes.

Fue indignante.

No porque con ello dejé de percibir una indemnización, que consideraba justa.

Si no, principalmente, porque mi honra había quedado en entredicho.

Pero la vida continuaba… y con bellas sorpresas.

Al finalizar el año 2010 tuvimos una buena nueva en mi hogar; Mi hija Samanta se graduó de abogada en la Universidad Envigado. Su logro nos causó mucha felicidad. Ella decidió convertirse en una mujer de leyes, motivada por la querella que presenté en contra del medio periodístico, cuyo veredicto al final me fue adverso.

Sin embargo, el progreso que registraba nuestra familia nos permitía superar situaciones como esas.

Después de cancelar mi deuda con el FNA, a los tres años presenté una nueva solicitud para que me financiaran la compra de otra vivienda. Nuestros ojos estaban puestos en una urbanización en La Ceja, Antioquia, donde llegamos a considerar la posibilidad de radicarnos, teniendo en cuenta que me faltaban pocos años para culminar mi ciclo laboral. Todo salió conforme a lo planeado y nos hicimos a una nueva residencia.

Todo me invitaba a conseguir mayores logros personales y profesionales, algo que me resultaba relativamente fácil, por el hecho de estar en una empresa, la Aerocivil, que me brindaba oportunidades para complementar mis conocimientos técnicos. A través del Centro de Estudios Aeronáuticos se hicieron muchas convocatorias para adquirir formación teórica y avanzada sobre fuerza electromotriz, sistemas de ayudas visuales, sistemas de protección a tierra, RETIE, grupos electrógenos y un tema en el cual me especialice llamado transferencias automáticas.

Debido a que los equipos de algunas estaciones aeronáuticas de la regional, tales como grupos electrógenos y transferencias, se encontraban en su gran mayoría viejas y obsoletas, se determinó cambiar las plantas con sus respectivos automatismos de las estaciones de: Cerro Verde y Santa Elena, ubicados el corregimiento de Santa Elena. Condoto, en el Choco. Otú en el aeropuerto de la ciudad de Remedios. Bahía Solano, Manizales y Nuquí. Para tales misiones fui designado como supervisor.

Todo fue fluyendo de la mejor manera, sin contratiempos y con calidad desde el punto de vista técnico. Desde luego no faltó quien me pusiera palos en la rueda. Y ese resultó ser nada más ni nada menos que el señor Nicasio Polanco, quien se pronunció porque no lo tuvieron en cuenta. Enterado de esa situación le propuse a mi superior que le diera un chance y lo responsabilizara del proyecto de Condoto.

Al comienzo mi superior no estuvo de acuerdo, aduciendo que, al final, yo tendría que hacer las correcciones y concluir el objetivo.

Le insistí para que le permitiera a Nicasio demostrar sus capacidades. Al final se le encomendó al susodicho esa tarea.

Dicho y hecho.

El compañero Nicasio decepcionó y tuvo que regresar con la frustración de no haber logrado su cometido. Y, tal como lo pronosticó mi jefe, me tocó enderezar el proyecto y concluirlo de manera eficiente.

Con Polanco se presentaron demasiadas confrontaciones. La diferencia es que gracias al aprendizaje que tuve en la casa periodística, supe darle un mejor manejo a este tipo de situaciones y conté con el respaldo de Lucio, mi superior. Por eso jamás me vi comprometido en circunstancias que afectaran mi estabilidad emocional y laboral.

A principios del año 2013 me hicieron entrega de mi nueva adquisición en el municipio de La Ceja.

Eso fue motivo de gran festejo. Quién iba a pensar que con todo lo que había padecido en mi vida laboral, para entonces ya contaría con tres propiedades, y cada una bien cotizada.

Como se estaba acercando el final de mi vida laboral, vendí una de esas posesiones. Con el dinero recibido compré un nuevo vehículo particular, una camioneta Tracker. También pagué la cuota inicial de otro apartamento, que estaban comercializando sobre planos. Lo adquirí porque vislumbré que dentro de pocos años podría tener dificultades en las rodillas para subir las escaleras para llegar al cuarto piso en el que vivíamos.

Mis días jubilosos se acercaban.

El 2 de mayo del año 2013 me reporté a la oficina de Colpensiones, con toda la documentación requerida para tramitar mi pensión. Todo estaba en regla y en poco tiempo me respondieron favorablemente. Sin embargo, fue preciso enviar un derecho de petición, para que reliquidaran la pensión, ya que el monto no era coherente con lo que había aportado.

Mientras levantaban el edificio en donde había comprado el nuevo apartamento, disfrutamos la hermosa morada en la que vivíamos, la misma que luego tuve que vender para honrar los compromisos adquiridos con los constructores. La venta resultó relativamente fácil y en corto tiempo se cristalizó.

Cuando se cumplió la fecha para entregar la casa en la que vivíamos, el nuevo apartamento apenas estaba en obra negra. Por ello tuvimos que trasladarnos al pueblito donde solíamos ir de descanso.

Dando por hecho mi jubilación presenté mi carta de renuncia a la Aerocivil y esta se hizo efectiva a partir del 1 de enero del año 2014.

Atrás quedaron las intrigas, los malos ambientes, las madrugadas, los trasnochos y tantos episodios desagradables que viví como trabajador.

De todo eso me quedo con mis triunfos laborales, con mi crecimiento personal y con mis buenas amistades.

Solo me resta dar las gracias infinitas a Dios… por TODO.

Como creyente estoy convencido de que el Creador siempre estuvo a mi lado y gracias a ese aliado celestial fui capaz de superar tantos obstáculos.

Capítulo XII

Mi premio mayor

La etapa jubilosa de mi vida comenzó a las 00:00 de la madrugada del 1° de enero de 2014.

A esa hora ingresé al selecto club de los pensionados en Colombia.

Y digo selecto, porque aunque es un derecho de todo trabajador, millones no lo disfrutan por diversas razones.

Sentirme con el futuro asegurado me llenó de bienestar al abandonar el Aeropuerto Internacional José María Córdova de Rionegro, para dirigirme a mi residencia en el municipio de La Ceja.

Al llegar abracé a mi esposa, quien me tenía preparado un gran recibimiento.

La verdad es que no tenía planes.

Solo quería gozarme esa tranquilidad de no tener que

madrugar ni trasnochar para cumplir obligaciones laborales.

Sabía, eso sí, que todo me lo iba a tomar con calma y me limitaría a dejar que pasaran los días.

A los dos meses comprendimos que la vida de pueblo no era para nosotros. No nos adaptamos y, además, teníamos puestas grandes expectativas en la construcción del nuevo apartamento en Envigado, que avanzaba al ritmo planeado. Mientras esperábamos el retorno a la capital, decidimos mejorar nuestra condición física. Para ello hicimos grandes caminatas por los bellos paisajes del Oriente Antioqueño, deteniéndonos en aquellos pueblos que más captaban nuestro interés.

A medida que pasaban las semanas la estancia en el pueblo se nos volvió más tediosa, a pesar de que en muchas ocasiones compartíamos los fines de semana con familiares y amigos en nuestra propiedad. Nos afectó demasiado la ausencia de nuestros hijos, quienes se fueron a vivir con otros familiares mientras regresábamos al Área Metropolitana. Ese regreso nos despertó mayor ansiedad, porque el intenso frío de la zona afectó a mi esposa.

La verdad es que la espera tampoco fue demasiado larga. Cuando por fin nos entregaron el nuevo apartamento, organizamos rápido la mudanza y el 18 de marzo del 2014 ya estábamos residiendo en el inmueble.

Un mes después recibí una notificación de Colpensiones. Con pleno conocimiento del tema, y de lo que me iban a responder, me dirigí a las oficinas. En efecto, me confirmaron que se había procedido a una reliquidación de mi mesada pensional y que, en consecuencia, me reajustarían los pagos efectuados en el último año.

Ya más habituados a nuestra nueva vida hicimos los trámites para actualizar nuestros pasaportes. En eso no tuvimos contratiempos y procedimos a ejecutar los planes de viaje que habíamos realizado. A través de una agencia de turismo tomamos un paquete para irnos de vacaciones a Panamá. Nuestra estadía fue muy grata, con buena playa, hotel, alimentación, espectaculares zonas acuáticas y variada recreación. Paseamos tanto por la ciudad vieja como por los rincones más modernos y también lo hicimos por el infaltable Canal de Panamá.

Finalizando ese mismo año atendí una llamada de un señor que se identificó como Horacio. Estaba interesado en comprarme la propiedad que teníamos en el Oriente Antioqueño, adonde acostumbrábamos ir de descanso con alguna regularidad. Como su interés era real, no hablamos mucho, acordamos una reunión personal, nos pusimos de acuerdo en el precio y él se quedó con la propiedad.

¿Qué inversión hago ahora?

Entre las opciones que evalué, la mejor fue contactar

a un ingeniero constructor, al que le presté el dinero, con un atractivo interés mensual, todo soportado con la debida documentación para asegurar ese patrimonio. Con estos dineros, más el retroactivo de mi pensión, mejoró en forma ostensible mi nivel de vida. La vivienda que ocupábamos la reacondicionamos y la dotamos con nuevo mobiliario, electrodomésticos y decoración, para hacerla más cómoda y placentera. Adicionalmente, los fines de semana continuábamos nuestros paseos por los pueblos antioqueños y las ciudades de todo el país.

Los viajes no fueron solo locales o nacionales.

En el año 2017 nos fuimos de paseo por ciudad México y estuvimos durante cuatro días en Cancún, un destino turístico que disfrutamos a morir. Igualmente memorable fue la espectacular presentación en Xcaret, basada en la historia de México con un sensacional elenco lleno de colorido y folclor. Los shows nocturnos los gozamos plenamente y gracias a la amistad que hicimos con un barman colombiano, saboreé deliciosos martinis hasta casi embriagarme. En este recorrido compartimos con personas de otros países y con ellos practiqué de nuevo mi segundo idioma.

Viajar se fue convirtiendo en toda una pasión.

En septiembre del año 2018 nos trazamos como objetivo conocer Europa. Y lo cumplimos de manera relativamente fácil, porque nos embarcamos en una excursión por el viejo continente. Durante 18 días viajamos por varios países como: España, Francia, Austria, Alemania e Italia. Fue fantástico conocer diversas culturas y ciudades emblemáticas como Madrid, Barcelona, Paris, Múnich, Roma y otras más. Y, como buen turista, tuvimos paradas obligadas en la torre de París, la ciudad del Vaticano, el coliseo en Roma, la torre de Pisa, el festival de la cerveza en Múnich y muchos hermosos lugares más.

Después de visitar lugares tan lejanos, nos quedaba una gran inquietud: ¿Y qué tal Estados Unidos?

Ese deseo lo fuimos madurando y a finales del año 2019 empezamos los trámites para solicitar la visa. En la Embajada nos asignaron la cita para el 19 de febrero del año 2020. Allí estuvimos, muy cumplidos, y nos encontramos con largas filas para ingresar y obtener el infaltable sello en el pasaporte. Como todos los allí presentes, queríamos escuchar al final esas célebres palabras de los funcionarios estadounidenses: Bienvenidos a los Estados Unidos de América.

Antes de llegar a la ventanilla vimos rostros alegres y también tristes. Nuestra entrevista con la cónsul fue muy corta. Al interrogar sobre mi identidad y la de mi esposa de inmediato nos manifestó que nuestra visa había sido aprobada. No se dijo nada más y en medio la euforia abandonamos el lugar.

Con la visa en la mano, nos hicimos a la idea de que

en Estados Unidos estaríamos en septiembre de ese mismo año.

Las buenas noticias seguían llegando como bendiciones. En marzo fueron los grados de mi hija Nataly, quien se graduó de psicóloga. Qué felicidad. Mis dos hijas habían logrado sus propósitos y ahora eran profesionales.

Ese mismo mes, pero el día 25, el gobierno colombiano decretó el confinamiento por la pandemia del Covid-19. Ese resto de año fue de encierro. Y con esa decisión, que acatamos para proteger nuestra salud y la de los seres que amamos, se aplazaron nuestros programas de viaje.

Ese año fue muy difícil.

La economía se desinfló y uno de los sectores que mayor dinámica perdió fue la construcción. Mi bolsillo también se resintió, porque la empresa a la que le había prestado dinero empezó a atrasarse en los pagos de intereses. Fui comprensivo con su situación, porque además durante los tiempos de bonanza habían sido muy cumplidos al honrar los compromisos.

A comienzos de 2021 comencé a tener un mal presentimiento. No veía que mis deudores estuvieran sorteando bien los tiempos difíciles ni logrando estabilidad en las finanzas de la empresa. Sin embargo, noté que tenían para la venta algunas propiedades y les propuse que me entregaran como pago un local comercial. Era un buen negocio para ambas partes y, por ello, logramos un pronto acuerdo.

Aunque de manera lenta, mis anteriores clientes fueron saliendo a flote y lograron vender la totalidad de la edificación en la que también está situado mi local comercial.

Cuando toda la unidad fue habitada, había que cumplir el reglamento de copropiedad y citar a una asamblea de propietarios. Uno de los puntos centrales era el nombramiento de una persona que se encargara de mantener en buen estado la edificación. En otras palabras, requeríamos de un administrador.

El perfil para este cargo incluye, además de los conocimientos en materia de mantenimiento de bienes inmuebles, tener tiempo disponible. Yo reunía esas dos condiciones y, con la totalidad de los votos de la asamblea, fui nombrado para ese cargo, que con gusto acepté.

La experiencia fue muy buena. Claro que implicaba mucha responsabilidad y cierto nivel de esclavitud, con lo cual, de alguna manera, esto representaba para mí como un regreso al pasado.

Con el agravante de que también tuve una que otra desavenencia con algunos residentes. En total fueron seis meses al frente del conjunto de apartamentos y locales, ayudando a ejecutar obras claves para el bienestar de todos, como los acabados del edificio, trámites para el suministro de servicios públicos, ascensor y tecnología. Cuando todo eso quedó despejado renuncié y entregué dicha administración.

Eso era preciso para seguir volando.

El año 2021, cuando la pandemia empezó a ceder y con la tranquilidad de habernos aplicado las respectivas vacunas, en compañía de mi cónyuge maduramos la posibilidad de viajar a los Estados Unidos.

Esta vez los planes se materializaron en el mes de septiembre.

En principio nos dirigimos al Estado de Illinois, en donde fuimos recibidos por uno de mis grandes amigos de toda la vida y su esposa. Nos condujeron a su morada, ubicada en un pueblo llamado París, un pueblo tranquilo y poblado por personas con buena calidad de vida.

De allí salimos al día siguiente vía terrestre para San Luis, en el Estado de Misuri. Apreciamos en esta hermosa ciudad ese atractivo tan particular que es el arco de San Luis, a orillas del Mississippi. En la tarde retornamos sin ningún obstáculo, gracias a las vías de primera calidad que tienen los norteamericanos.

Un día después, y también por carretera, nos dirigimos hacia Chicago, al suroeste del lago de

Michigan. Fue muy espectacular subir a uno de los rascacielos más altos del mundo, con sus 103 pisos, desde donde divisamos mucha parte de la ciudad. En la tarde nos trasladamos al muelle y en lancha hicimos un tour por el gran lago.

En el cuarto y último día en ese territorio nos fuimos de vuelta por los alrededores de la población y apreciamos hermosos paisajes, al igual que las costumbres de quienes allí habitaban.

El próximo destino fue Tampa, en el estado de Florida, donde gozamos de la hospitalidad de un pariente de mi esposa y su familia. En esta ciudad visitamos maravillosos lugares, como el sorprendente punto de recreación llamado Weeki Wachee y su sensacional show de sirenas. Recorrimos gran parte de la ciudad, incluyendo un área denominada "La Ciudad Griega", que hace honor a los nativos de ese país. Esa fue una experiencia fascinante, porque además de los aspectos culturales, tuvimos la oportunidad de degustar su deliciosa gastronomía y exquisitos cocteles. Salimos de ahí realmente encantados.

Acompañados por nuestros anfitriones nos trasladamos a Tampa y vía terrestre pasamos a Orlando, en un recorrido de unas dos horas y media. En un principio fuimos directo a Downtown Center y su parque. Todo lo que veían mis ojos me producía gran admiración.

Posteriormente fuimos al hotel, que habíamos

reservado con anticipación, y en este punto nos despedimos de quienes fueron tan cálidos, receptivos y especiales durante nuestra visita.

En Orlando, y solo con la compañía de mi consorte, visitamos el "Icon Park", un espléndido lugar que estaba cerca de nuestro alojamiento. Nos llamó la atención su acuario, con gran diversidad de especies marinas, y el museo con los personajes más destacados de la historia estadounidense. Desde luego, cómo no involucrarnos en el mundo de fantasía de nada más ni nada menos que Disney World. No es fácil describir tantas emociones y tantas cosas que van más allá de lo imaginable. Fue tan impresionante esta aventura, que retornamos a casa con la promesa de repetirla.

Uno lo sueña… y el Universo le responde.

En febrero del año 2022 por fin pude arrendar mi local comercial y hoy funciona allí un consultorio de estética, cuya renta me aporta un buen ingreso mensual. Gracias a ello empecé a considerar una nueva visita a Norteamérica, en una época en que también nos preparábamos para los grados de mi hijo menor como ingeniero mecánico. Ese fue un triunfo profesional, no solo de mi junior, sino también familiar, considerando que mis dos hijas ya habían logrado sus títulos universitarios.

Y, de nuevo, estábamos listos para viajar.

Esta vez fue a principios de agosto. Nos embarcamos

en una excursión por el Occidente (Oeste) del territorio gringo. En esta ocasión viajamos por los estados de Arizona, Arkansas, California y otros. Disfrutamos la estadía en ciudades como: Los Ángeles, San Diego, Las Vegas, San Francisco y algunos pueblos situados en el lado occidental estadounidense.

Quedamos deslumbrados al apreciar lugares como el Gran Cañón, la fantasía y provocación de Las Vegas y la rutilante Hollywood, en los Ángeles. En San Francisco apreciamos el símbolo de la ciudad, el puente Golden Gate Bridge, que ciertamente atravesamos a pie, y desde allí divisamos la isla que en el pasado fue la cárcel de Alcatraz.

De todo este recorrido hay una anécdota que no puedo olvidar.

Estando en el aeropuerto de San Francisco, luego de haber diligenciado lo concerniente al trámite para el regreso, nos dirigimos a emigración. Antes de cruzar la máquina de rayos X deposité en la bandeja mis pertenencias y demás objetos. Sin embargo, en el bolsillo izquierdo trasero de mi pantalón olvidé extraer el pasaporte. Al cruzar el detector, la alarma se accionó. Fui retirado aparte, por un funcionario público, para una exhaustiva inspección. Como reza el dicho, *quien nada debe, nada teme.* El empleado notó mi calma y al comprobar que todo estaba en orden seguimos la marcha sin contratiempos.

Uno de los días más esperados por la familia fue el 18 de agosto de este mismo año, cuando asistimos a la ceremonia de graduación como ingeniero mecánico de mi hijo menor. El acto fue sencillo y luego celebramos en familia en un buen restaurante de la ciudad.

Aquí, en el presente, me lleno de gozo al ver a mi familia transitando por la senda del triunfo desde el punto de vista personal y laboral. Veo sus hogares consolidados, con buenos esposos, hijos e hijas, que son mis nietos y nietas, quienes suelen visitarnos los fines de semana.

En las mañanas hago ejercicio y también saco tiempo para jugar billar con unos buenos amigos, y en las tardes comparto con mi esposa yendo a diferentes sitios.

A Dios gracias, hoy vivo FELIZ.

Fueron muchos los cuartos de hora repletos de desasosiego e intranquilidad.

Pero, como creyente que soy, no me queda la más mínima duda de que el Padre Celestial siempre atendió mis plegarias y cambió mi vida plenamente.

FIN

El autor

John de J. Rendón es un escritor colombiano, nacido en el municipio de Andes, Antioquia, el 1° de mayo de 1953. Está casado con María Patricia Guerra y es padre de Laura Natalia (psicóloga), Alejandra (abogada) y José Ignacio (ingeniero mecánico).

Es egresado de la Universidad Instituto Tecnológico Metropolitano y especialista en automatización de transferencias y electricidad en general. Su último empleo fue en la Aeronáutica Civil de Colombia, en donde se pensionó.

Nota del Editor

Si no sueltas tu pasado, no podrás abrazar tu presente.

Y, en esa misma medida, estarás condenado a que tu futuro sea una réplica de tu pasado.

Para mí, de eso se trata en el fondo este hermoso libro de Jhon de J. Rendón, un hombre de fe que siempre fue asistido por su Creador, inclusive en aquellos momentos en que se sentía más desesperanzado. No lo estaban abandonando, como en algunos pasajes llegó a temer. Lo estaban poniendo a prueba para que, alentado por su fuerza interna, que era el maravilloso regalo que en ese momento le otorgaban, fuera capaz de levantarse por sus propios medios.

Fui compañero de trabajo de John y cuando me preguntó si estaba familiarizado con los momentos más críticos de su historia, le confesé que no, porque bajo las cuatro paredes de esa organización no fuimos más que buenos y amigables compañeros y no tuvimos el don de la confidencia. Sin embargo, su relato me resuena, así como les resonará a muchos de ustedes, que han sido trabajadores al servicio de terceros. Y cómo no iba a serlo, si las historias de maltrato, la humillación y esclavitud emocional solo cambian de escenarios y de protagonistas. Son universales, porque en el fondo tienen que ver con los primitivos estados de consciencia de los seres humanos.

Este, sin embargo, no es un libro de denuncia o de exaltación del sufrimiento.

Al contrario, este es un relato honesto de la manera como en un momento determinado puedes estar a punto de perder la razón, pero también una guía de cómo recuperar la dignidad y el sentido de la vida.

Muchas de estas batallas las dio John en compañía de su círculo de amor más poderoso: La Familia, la Sagrada Familia, un tesoro que si lo tienes, aprovéchalo en toda la extensión de su palabra, porque puede ser (reconozco que para muchos no lo es) tu red de apoyo más poderosa.

Mucho tiempo después, una de esas diosidencias de la vida nos volvió a poner de frente, apreciado John. Estando en una de mis "oficinas alternas" en las que escribo, atiendo consultas y brindo asesorías a nuevos escritores, me contaste del libro que habías escrito, con una mezcla de alegría e inseguridad.

No había motivo de inseguridad, te comenté, porque cualesquiera que haya sido, es maravillosa.

La de John y la de todos.

Basta con que te mires a ti mismo y a tu entorno de amor, para que encuentres que todo lo que viviste, no fueron más que experiencias que te guiaron hacia la vida que planeaste. El resultado es tuyo. Y cómo lo sientas emocionalmente, también.

En tu caso, John, ya no tienes enemigos. Nunca los tuviste en realidad. Cuando ellos actuaron de la manera que te produjo tanto daño, solo hacían lo que se sentían obligados a hacer para sobrevivir. Bajo una mirada semejante, quien piensa de manera tan instintiva es capaz de arrasar hasta con su propia madre, si le amenaza un privilegio o le impide conquistar aquello con lo que está obsesionado.

Esa es la historia íntima de los torturadores emocionales, apreciado John. Más que el odio a los demás, los mueven sus propias ambiciones, la idolatría de ellos mismos y la esclavitud de sus deseos.

Todas las historias de los seres humanos son hermosas. Que hay dolor en ellas, como en la de John, sí, por supuesto. Inclusive, a veces ese dolor es insoportable, se transforma en sufrimiento y te hace perder el amor por la vida, por la tuya y la de los demás.

En algunos episodios John se movió en esas fronteras. Pero pudo alejarse de ahí, porque, interpreto yo, su fe en el Gran Creador le permitió conectarse con esa Vida Plena que estaba al final de su ciclo laboral.

Esa visión te salvó de la desesperanza.

Tal es el poder de los sueños, que no son otra cosa que la mejor manera de crear tu realidad.

Honro tu vida, John.

Y honro tu historia.

Y muchos también lo harán, porque fragmentos completos de este relato serán como girones de su propia alma que tú has sabido interpretar.

Germán Jiménez Morales
Editor Taller Libera tu Escritura.

www.ingramcontent.com/pod-product-compliance
Lightning Source LLC
Chambersburg PA
CBHW071135220526
45467CB00015B/1071